JN108228

新日本再興の立役者、棚橋弘至とV字回復の旗振り役、オカダ・カズチカ（写真は2019年2・2札幌・北海道立総合体育センター 北海きたえーる）

ファンの信頼回復に努める棚橋の地道な努力が実を結び、暗黒時代から脱却。新日本が蘇った（写真は2011年2・20宮城・仙台サンプラザホール）

ブシロード新体制発足と同時に、オカダが大ブレイク。一躍新日本のメインイベンター、プロレス界の中心人物となった（写真は2012年2・12大阪府立体育会館、IWGPヘビー級王座初挑戦にして棚橋から王座奪取）

中邑真輔はインターコンチネンタル王者として、独自色を発揮。プロレスラーから格闘家まで多様な相手とスリリングな好勝負を量産した（写真は2013年1・4東京ドーム、桜庭和志戦）

苦節10年で「新日本の主役」の座をつかみとった内藤哲也は団体屈指の人気者に（写真は2016年4・10両国国技館、悲願のIWGPヘビー級王座初戴冠に成功するも、リング上でベルトを放り投げた）

2021年にIWGPヘビー級王座とインターコンチネンタル王座が統一され、IWGP世界ヘビー級王座が生まれた（写真は2022年4・9両国国技館、第4代王者時代のオカダ）

2022年1・4東京ドームにVTRながら団体創設者のアントニオ猪木が登場（写真）。1・4ドームへの登場は16年ぶりだった。50周年イヤーに来場が期待されたが、猪木は同年10月に死去

新日本プロレス
50年物語

第3巻
V字回復期

週刊プロレス 編

東京スポーツ記者
岡本 佑介 著

ベースボール・マガジン社

新日本プロレス50年物語　第3巻　V字回復期　もくじ

3章 猪木死す！ 不滅の新日本 2018年〜2022年……165

編集　本多 誠（元『週刊プロレス』編集長）
写真　ベースボール・マガジン社
デザイン　間野 成（株式会社間野デザイン）
協力　新日本プロレスリング株式会社

1章

新日本、再生への道

2009年～2012年

2009
(平成21年)

棚橋が切り拓いた新日本の新たな地平

棚橋が武藤から「エースのタスキ」を受け継ぐ

2009年1月4日東京ドーム大会で行われたIWGPヘビー級選手権は、新日本プロレスにとって「夜明けの一戦」と呼ぶにふさわしいものだった。全日本プロレス所属の外敵王者・武藤敬司に挑戦したのは、かつて付き人を務めた棚橋弘至だ。

2000年代の新日本は迷走を繰り返し、暗黒時代と揶揄された。そんななかでも希望の光となっていたのは、棚橋と中邑真輔という2人の若きスター候補だった。08年1月4日東京ドームのメインイベントで中邑が棚橋を破って4年ぶりにIWGPヘビー級王座を奪取したことで、2人のライバル闘争が中心となって団体が動いていくことを予感させた。ところがその中邑からベルトを奪ったのは武藤だった。

新日本の凋落は、02年の武藤らの大量離脱によって不可避なものとなった。それでも05年11月に創設者・アントニオ猪木がユークスに株式を売却して以降は経営が正常化。経営を圧迫していた不透明だった支出もなくなり、全レスラー、全社員が地道な努力を続け、観客動員を少しずつ増やしていった。その中心にいた棚橋と中邑の2人にとって、08年にもなって武藤が古巣に舞い戻り、かつ最高峰のベルトを巻くという現実は屈辱でしかなかった。ましてや当時の観客の多くは武藤を支持していたのだ。

棚橋は08年4月に左ヒザの負傷で戦線を離脱し、真夏の祭典「G1 CLIMAX」で復帰していた。中西学、後藤洋央紀、真壁刀義を退け、中邑のリマッチも返り討ちにした武藤に対する挑戦者として、新日本の「最後の切り札」として選ばれ、プロレス界の最大興行である1月4日東京ドーム大会でベルト奪回の至上命題を課せられた。

棚橋はかつて武藤の付き人を務め、レスラーとしてのイロハと、スターの立ち振る舞いを学んだ。02年に武藤が全日本に移籍する際にも誘いを受けたが断った。「自分は新日本が好きで入ったんで、辞めて全日本に行くという決断ができなくて…。ずっと迷っていたというよりは、断りの電話を入れないでいたら、武藤さんから着信があって『どうすんだよ?』って。自分は『今回はすいません。新日本でやっていきます』って言いました。その後がカッコよかったですね。『そうか。タナ。悩まして悪かった』って。ありゃカッコよかったですねえ」（テレビ朝日『ワールドプロレスリング』での棚橋の発言）。

今度こそ自分の時代を掴むために、師匠・武藤を超えるために、プロレス界の未来のために。棚橋は09年1月4日東京ドームのリングに立った。当時の棚橋はナルシストでチャラいレスラー像をウリにしていた。どう勝てば一番カッコいいかを考え、実は決戦前に武藤の必殺技のひとつであるムーンサルト・プレスもひそかに道場で練習したが、実戦で使用できる完成度には到達しなかった。なによりもここで武藤の技に頼って勝っても、プロレスファンの「信頼」は勝ち取れない。棚橋にならば未来を託せると思わせなければならないのだから、やることは一つだった。この日ばかりは観客を煽ることも、ナルシストなアピールも最小限にとどめ、自分が磨いてきたプロレスを真っ向からぶつけた。武藤のムーンサルト・プレスをかわした棚橋は、ハイフライフロー2連発でついに師匠から初勝利を挙げた。30分22秒の戦いを制し、ついにベルトを新日本に取り戻す大仕事を成し遂げた。

全日本プロレス・武藤の手に渡っていたIWGPヘビー級王座に、棚橋が満を持して挑戦。武藤を破り至宝奪還を果たした（2009年1・4東京ドーム）

棚橋は試合後のリング上で「新日本のエースはな、一人でいいんだよ!」と即座に中邑を次期挑戦者に指名した。新日本が新しい時代に突入していくことを明確に示したかったからだ。「いつも俺と対比されて、真輔というものがあって。いつまでもこの関係じゃダメだと思うんだ。次やるとしたら真輔しかいねえと思います。そして、それが2009年、プロレスの夜明けになると思います」。そして棚橋はこれから先の新日本が進む10年間を見事に予言している。「武藤敬司という存在があったから、俺がここまで引っ張られたというか。プロレスってそういうものだと思うんですよね。誰かと誰かが戦って次に繋がっていく。俺だって内藤(哲也)や、岡田(かずちか)や、吉橋(伸雄)や、平澤(光秀)も絶対、俺の位置まで引っ張り上げてやる。そしたらプロレスは不滅ですよ」。平澤は17年に離脱したが、この所信表明は内藤、オカダ・カズチカ、YOSHI-HASHIらが戦いの中心にいる2023年現在、とてつもない説得力を帯びている。

そして敗れた武藤も、この試合が業界にとって一つのターニングポイントになるであろうことを認めた。「駅伝のレースじゃないけど、この区間は俺、一生懸命走ったから。あとは棚橋にタスキを渡す訳であって。この区間は俺が〝区間賞〟を取ったと勝手に自分で思ってるけどな。後は、それが棚橋なりが引き継いでくれれば。そういう部分で言ったら、アイツにバトンタッチしたから後はアイツらだ。もう俺が呼ばれないようにしてくれよ。以上だ! かといって、10年後の東京ドームに出てるかも知れないな」。武藤から〝タスキ〟を受け継いだ棚橋は、名実ともに新日本のエースの座を手に入れた。

中邑がストロングスタイルの復興に向けて立ち上がる

棚橋からの指名を受諾した中邑には、多大なリスクが伴っていた。若手時代から将来を嘱望されていた2人だが、ここまでのキャリアは棚橋から3年遅れて入門した中邑のほうが先を行っていた。棚橋が

IWGPヘビー級王座初戴冠を果たしたのは06年7月だ。デビューから7年目、29歳の時だった。これに対し中邑は03年12月に、デビューからわずか1年4カ月という最短記録でIWGPヘビー級王者となった。23歳9カ月という最年少戴冠記録は、20年近く経った今も破られていない。05年1月4日東京ドーム大会のメインで実現した2人の初シングルマッチも、中邑が制している。寓話の「ウサギと亀」に例えるならば、中邑がウサギで棚橋は亀。休んだわけでもないのに追い抜こうとしてくる亀は、ウサギにとって恐怖でしかない。

果たしてこの時点で宿命のライバル2人の立場は、完全に逆転していた。中邑がベルトを奪われ、2連敗を喫した武藤から東京ドームの大舞台で完全勝利を収めたのは棚橋だった。その棚橋の初防衛戦で踏み台にされるようなことがあれば、中邑はさらにどん底に叩き落されることになる。

武藤というスターが08年のIWGPヘビー級戦線を盛り立て、そのバトンは棚橋に手渡された。新日本プロレスの未来に、ファンの期待は高まっていた。09年2月15日の両国国技館大会は例年以上に集客が好調で、満員の光景が戻っていた。メインイベントは通算8度目となる、新日本が誇る黄金カード、棚橋vs中邑だ。必殺のランドスライドを決めて棚橋を追い込んだ中邑だったが、勢いの差は最後まで埋められなかった。最後はハイフライフロー2連発で3カウントを奪われた。「お前の望み通り、エースなんてのはくれてやる。IWGP、また遠のいた。棚橋弘至、IWGP。この借りを返すためだったら、何でもやる。強いヤツがのし上がるのがプロレスなんだ」。悔しさを押し殺して雪辱を誓うのが、中邑に残されたプライドだった。

しかしそんな中邑を待ち受けていたのは、さらなる絶望だった。春のトーナメント「NEW JAPAN CUP」2回戦ではユニット「RISE」で共闘していた後藤洋央紀との同門対決に敗れてしまう。「これじゃあIWGPは、はるか彼方！　ぬるいよ、俺。終わってんのか？　俺。チクショウ…」

と苦悩の言葉を漏らした中邑に対し、対戦要求してきたのはヒールユニット「G・B・H」を率いていた真壁刀義だった。トーナメント1回戦のリベンジマッチを要求されたのだ。

真壁との再戦は09年4月5日両国国技館大会で組まれた。この試合は中邑にとって、大きな転機となる。試合中にレフェリーが誤爆に巻き込まれて不在となったリング上で、真壁のセコンドに付いていたG・B・Hの矢野通がイスを手にする。誰もが中邑に振り下ろされると思った一撃は、なんと真壁の頭部にヒット。このアシストを受けた中邑は、得意のランドスライドであっという間に勝負を決めた。矢野と結託した中邑は後日、旧G・B・Hメンバーも引き抜き4月23日に新軍団「CHAOS（ケイオス）」を結成する。目指したものは「ストロングスタイルの復興」だった。

ストロングスタイルとは言わずもがな、アントニオ猪木が団体創設して以来の新日本プロレスの代名詞だ。「キング・オブ・スポーツ」を標榜する新日本のプロレスの凄みを言い表した言葉、つまり団体の金看板であるべき言葉だが、09年4月時点では明らかにそのブランド力が低下していた。暗黒時代と呼ばれた00年代前半の新日本プロレスは、団体オーナーである猪木の暴走とも見える現場介入により混乱に陥った。猪木が当時人気絶頂のPRIDEやK－1に関わっていたことで現場との軋轢も生まれた。猪木が推進する格闘技路線を無理やり新日本マットに導入しようとして失敗を繰り返し、多くのプロレスラーがMMA（総合格闘技）や立ち技格闘技に駆り出されては惨敗を喫した。ただ一人、中邑真輔を除いては。

レスリングをベースに持つ中邑は、総合格闘技の技術も身につけていた。MMAでは5戦して3勝1敗1無効試合。04年5月の「ROMANEX」（さいたまスーパーアリーナ）でアレクセイ・イグナショフを2ラウンド1分51秒、ギロチンチョークで破った一戦は、世間にもインパクトを与えた。09年当時もMMAの世界で高い評価を得ており、米国で新設された団体「ベラトール」からオファーが届いていた。また一部ではかつて新日本プロレスで棚橋、中邑とともに「新・闘魂三銃士」と呼ばれた柴田勝頼と「HERO'S」のリングでMMA戦を画策する動きもあった。

つまるところ、権威失墜してしまっていた「ストロングスタイル」、すなわちプロレスの凄みを復権する資格と実力のあるレスラーは、09年当時は中邑真輔しかいなかった。もちろん道のりが険しくなることは百も承知だった。「アメリカンプロレス」を色濃く表現する武藤から棚橋へとIWGPヘビー級のベルトが移り、ようやく観客の動員が戻ってきた事実から考えても、中邑のやろうとしていることは完全に時代に逆行していた。原点回帰を提唱した人間が異端に見える逆転現象。しかし、中邑の活路はここにあった。「オイ、いいか。ぬるいレスリングはもう終わりだ。ストロングスタイル見たいんだろ？新日本を見に来てるんだろ？　俺が見せてやるよ」。新しい挑戦が始まった。

不器用で実直な中西の夢がついにかなう！

中邑、カート・アングル、「NEW JAPAN CUP」覇者の後藤洋央紀の挑戦を退け勢いに乗っていた棚橋を止めたのは、意外な男だった。5月3日福岡国際センター大会で後藤を下し3度目の防衛に成功した棚橋は、3日後の5月6日後楽園ホール大会で決定していた中西学とのスペシャルシングルマッチをタイトルマッチに変更することを宣言した。この裏には当時流行していた豚インフルエンザの影響で、ゴールデンウイーク興行の目玉とされていたメキシコCMLLの「神の子」ミスティコが来日不可能となってしまった事情がある。楽しみを失ってしまったファンのために、棚橋は中2日のハードスケジュールにもかかわらずタイトルマッチを行って興行を盛り上げる決断をしたのだ。

当時42歳の中西にとっては降って湧いた大チャンスだった。全日本選手権4連覇を果たし、バルセロナ五輪にも出場したレスリングエリートは、1992年8月に入門し同10月に鳴り物入りでデビュー。

日本人離れしたパワーから「野人」の愛称で親しまれ、99年には真夏の祭典「G1 CLIMAX」を初制覇するなどトップ戦線で活躍したが、団体の最高峰王座IWGPヘビー級にだけは縁がなかった。ともに「第三世代」と呼ばれる天山広吉、小島聡、永田裕志が揃ってIWGPヘビー級ベルトを戴冠していくなか、中西だけが頂点を掴むことができていなかったのだ。

まさにこれから全盛期を迎えようとしている棚橋と、頂点を掴んだことのないキャリア17年目の中西のタイトルマッチは、圧倒的に王者有利の下馬評だった。それでも中西は挑戦が決まると並々ならぬ決意を口にした。「チャンスなんて、そう何べんも来るもんちゃうから。IWGPのベルト言うたら、世界の誰もが腰に巻きたがるベルト。そのベルトを巻かずしてレスラー人生を終えてしまったら、これほど寂しいことはないですからね。自分自身が死に物狂いでやってますから」。

この年の中西は1月4日東京ドーム大会でNOAHの秋山準とのシングルマッチに敗れ、「NEW JAPAN CUP」でも1回戦敗退と精彩を欠いていた。だが、この日の戦いは鬼気迫るものがあった。後楽園ホール大会の観衆が大「中西」コールで後押ししたのは、決して単なる判官びいきではなかった。稀有な身体能力と有り余る才能をなかなか生かしきれず、それでも不器用ながら地道に積み重ねてきた野人の努力を、ファンならば誰もが知っていた。ヒザへのハイフライフローなど棚橋の徹底した足攻めに苦しみながらも、テキサス・クローバーホールドをアイアンクローで脱出すると、ヘラクレスカッター、大☆中西ジャーマンと豪快技を連発。最後はリフトアップスラムで棚橋をロープに打ちつけてからのジャーマン・スープレックスでIWGP史に残る大波乱を巻き起こした。最後のジャーマンの威力はすさまじく、実は棚橋はこの一撃で左肋骨を骨折している。棚橋の強行日程は言い訳にならないだろう。野人の執念が、新時代のエースを打ち破ったのだ。

中西は6度目の挑戦で悲願のIWGPヘビー級のベルトを手にした。セコンドに付いていた盟友・永

2009年5・6後楽園ホールで中西が棚橋を破り、デビュー17年目にしてIWGPヘビー級王座に輝いた

田と歓喜の表情で抱擁をかわす。そして解説席にいた恩師・山本小鉄さんは感極まって人目をはばからず涙を流していた。中西はリングの上で「本当に、中西学を今まで見捨てずにいていただき、ありがとうございました！」と絶叫した。「自分は本当にどうしようもない人間。プロレスをやっていないと何をやっているか分からない人間なんで。せやけど17年間、何を目標にしてきたかっちゅうたら、このタイトルを目標に生きてきました。バカな男ですけど、バカな男なりに目指すものがあったから、ここまで来れた。1人では絶対にできんかった。本当にいつ見捨てられても仕方がない状況やったのに声が枯れんばかりに応援してくれた。お客さんにやっと応えられたという心境ですね」。

しかし中西の政権は長く続かなかった。約1カ月半後の6月20日、大阪府立体育会館（現エディオンアリーナ大阪）大会で棚橋のリターンマッチを受けて立った中西は、ハイフライフローで敗れ初防衛に失敗した。実はこの短期間の王者時代、中西には伝えようとしていたことがあった。「レスラーって巡業中はあまり練習してないって思われてるやろ？　本当はそんなことないって分かって欲しいんや」と言い出し、シリーズ中の地方会場でマスコミを連れて野外特訓を連日敢行。そもそも「練習してないと思われている」という前提からして間違っている気がするのだが、神社の階段で兎飛びを繰り返すなどとにかく精力的にトレーニングを行って発信した。短命ながらもどこまでも実直な、いかにも中西らしい王者像だった。

一方で一度は中西にベルトを奪われた棚橋も、一連の抗争によってさらに株をあげた。アクシデントに見舞われたゴールデンウイークシリーズで期待以上の盛り上がりを作り出し、大阪のリターンマッチは白熱の内容で会場を大いに沸かせた。有り余る潜在能力を生かし切れていなかった中西と2度にわたる好勝負を繰り広げたことで、レスラーとしての評価をさらに高めることになった。7月20日の札幌大会ではNOAHの杉浦貴の挑戦を退け初防衛に成功。他団体の外敵からもベルトを守り抜き、その地位はますます不動のものとなっていく。

「雑草男」真壁が驚異的な根性でG1制覇

09年の「G1 CLIMAX」は、新日本プロレスにまた新たなスターを生み出した。それが真壁刀義だ。4月5日両国国技館大会の中邑とのシングルマッチでは自身が率いるヒールユニット「G・B・H」の矢野通の造反によって敗北。しかもその後「G・B・H」のメンバーたちはあらかた「CHAOS」に引き抜かれ、残ったのは真壁と本間朋晃だけだった。リーダーとしてはこれ以上ない屈辱だ。しかし、逆境でこそ本領を発揮するのがこの男だった。

それまでのプロレス人生は山あり谷ありどころか、谷だらけだった。中学校時代から柔道に打ち込んだ真壁は、帝京大学に進学すると学生プロレスで活躍した。学生とはいえハードなトレーニングを積み、新日本プロレスの入門テストにも晴れて合格した。しかし当時はまだ「学生プロレス」というジャンルに対して業界内で一種のアレルギーがあった。しかも同期入門にはレスリングの全日本選手権王者・藤田和之がいた。目立った格闘技の実績のない入門テスト組の真壁と、団体からスカウトされたレスリングエリートの藤田とでは、扱いが雲泥の差だった。

ましてや真壁が入門した1996年当時の新日本プロレスの練習は厳しく、時には理不尽なシゴキもあった。真壁と藤田には、キャリア2年以内の先輩と後輩がいない。あまりの厳しさに、入った人間は全員辞めたのだ。残ったのは驚異的な身体能力を持ち破格の待遇を受けた藤田と、驚異的な根性で生き残った真壁だけなのだ。辞めてたまるか。誰よりも声を出し、誰よりも練習したが、会社からの待遇は変わらなかった。藤田や後輩の鈴木健想（現・KENSO）がブレイクしても、なかなか浮上のチャンスが巡ってこない。2001年の海外遠征先はプロレス後進国で治安の悪いプエルトリコだった。団体から期待されていないことを象徴していた。

さらに悲劇が襲い掛かる。ヘビー級戦士として実績を積んでエントリーされた05年の「G1 CLIMAX」の中邑真輔との公式戦で、真壁はアキレス腱断裂の重傷を負い長期欠場に突入する。「G1も終わり、選手生命も終わりだと思ったよ。もう辞めようかと思った」と振り返るほどのどん底だった。悔しさを倍増させたのが、この年のG1には藤田が参戦していたことだ。真壁は00年に藤田が退団する際に、新日本の道場である約束をかわしていた。「何年かして、同じリングで会えたらいい」。G1で同じブロックにエントリーされた藤田との公式戦を前にしての離脱は、真壁にとって痛恨の極みだった。

それでも真壁は絶望の淵から這い上がった。開眼のキッカケはインディー団体「アパッチプロレス」の金村キンタローらとの抗争だった。業界盟主の新日本プロレスのレスラーでありながら「真壁は呼んでへんよ」と侮辱的な言葉を浴び、観客からも笑われた。屈辱に次ぐ屈辱で当時の自分の価値を思い知らされた真壁は、吹っ切れたかのように〃暴走キングコング〃として暴れまわった。ブルーザー・ブロディの入場曲「移民の歌」を使用し、チェーンを首に巻いて入場した。インディーのリングでデスマッチも戦った。新日本だけでは経験できない経験を積み、叩き上げのヒールレスラーとして揺るがない地位を確立した。

そしてその努力はついに報われた。09年のG1で快進撃を続けた真壁は、前年大会に続き2年連続で優勝決定戦に進出。優勝戦の舞台で対角線に立っていたのは、4月両国大会での因縁が記憶に新しい中邑だった。文字通りの「雑草男」は、自身と正反対のキャリアを歩んできたエリートと壮絶な打撃戦を展開した。串刺しのラリアットを決めて相手をコーナー最上段に乗せると、鬼の形相で中邑の頭を鉄柱に打ち付けていく。非情な攻撃で戦意を刈り取ると、スパイダージャーマンからキングコング・ニードロップを投下して3カウントを奪ってみせた。デビューから12年、36歳にして悲願のビッグタイトル初奪取だった。

会場の割れんばかりの大コールに、真壁はニヤリと笑うと「本当はよ、お前らみたいなヤツらには、死んでも言いたくねえんだ。死んでも言いたくねえんだけどよ…今回ばかりは、サンキューな」と珍しく感謝の言葉を口にした。そしてこれまでのキャリアをしみじみと振り返った。「ファン、マスコミ、関係者がよ、真壁はもう終わりだって思ってたろ？　ところがどっこい、そうは問屋が卸さねえんだよ。俺の反骨心は強すぎるんだよ。生半可なヤツらじゃ抑えきれねえんだよ。人に夢を与えるヤツがよ、テメエで夢見てなかったら、夢なんて与えられねえだろ？　時代はよ、俺みてえなバカを必要としてるんだよ。夢のねえ時代だろ？　だから夢を持つんだよ」。

G1初制覇翌日の東京スポーツ新聞紙上で、真壁は今度こそ藤田との「約束の一戦」を実現させる野望を明かしている。「数え切れないくらいシングルやったけど、全部イカれてる（圧倒されている）。絶対に借り返さなきゃいけねえ」とぶち上げているが、当時の藤田は総合格闘技団体「戦極」を主戦場としており、現実的には極めて難しいと見られていた。それでも藤田は、同期の真壁がいかに苦難を乗り越えてG1制覇までたどり着いたのか、その価値を誰よりもよく知っていた。だからこそ最大限の敬意を込めて、紙上で祝福の言葉を送っている。「本当に耐えて耐えて、言葉に出来ない扱いを受けて勝ち取った優勝。これまでの誰よりも価値がある。『約束』は覚えています。もし戦う時はどこのリングでも構いません。ただもう少し時間をください。真壁さんの優勝と肩を並べられる男になった時は、一挑戦者として名乗りを上げさせてもらいます」。

「猪木発言」にこめた中邑の思い

本来の流れであればＩＷＧＰヘビー級王者の棚橋はＧ１覇者・真壁との防衛戦に臨むはずだった。この時、棚橋はデビュー10周年の節目を迎えていた。デビュー戦の相手と、お互いが肩書きを持っての王座戦は、シチュエーションとしてこれ以上ない。しかし、棚橋はG1準決勝の中邑戦でハイキックを浴びた際に右眼窩内側壁骨折の重傷を負っていたのだ。充実期を迎えていた棚橋は、アクシデントにより王座返上を余儀なくされた。新王者決定戦を真壁と行うことになったのは、G1準優勝者としてトップコンテンダーにあった中邑だ。9月27日神戸ワールド記念ホールで、G1優勝決定戦と同一カードの第53代IWGPヘビー級王者決定戦が行われた。

CHAOS結成後の中邑は新たな武器を手に入れていた。走り込んで相手の顔面にヒザ蹴りを叩き込む「ボマイェ」が新たなフィニッシュホールドになっていたのだ。技名はリンガラ語で「キル・ユー（やっちまえ）」を意味する。稀代の名ボクサーであるモハメド・アリが1974年10月30日にザイール共和国（現コンゴ民主共和国）の首都キンシャサでジョージ・フォアマンを撃破し「キンシャサの奇跡」と呼ばれた一戦で、観客から発生した歓声が「アリ・ボマィエ」だった。後に米国・WWEでこの技が「キンシャサ」と改名された由来でもある。

しかし日本では圧倒的に「ボマイェ」は「ボンバイエ」という発音の認知度が高い。その理由は言わずもがなアントニオ猪木の入場曲「炎のファイター〜INOKI　BOM‐BA‐YE〜」だ。もともとアリの伝記映画の挿入曲だったが、1976年にアリと対戦した猪木に贈られ、アレンジが加えられて完成した。「イノキ！　ボンバイエ！」の掛け声で始まる同曲は、日本一有名なプロレス入場曲と言っていい。中邑がこれを意図しなかったわけがない。いつしか団体にとって負のイメージとなっていた「ストロングスタイル」を、自身が復興させると公言しているのだ。あえて猪木を想起させる技名をつけることで、その狙いをより明確なものにしていった。新日本のレスラー、関係者があえて避けていた「神」の存在を、中邑は積極的に掘り起こしていく。

中邑の思いはリングの上で爆発した。真壁のドラゴン・スープレックス、ショートレンジのラリアットを浴びた中邑は、ラリアットにカウンターのハイキックを発射。最後はナックルパートからボマイェをサク裂させて、G1優勝決定戦の雪辱を果たした。武藤敬司に奪われたIWGPヘビー級のベルトを約1年半ぶりに奪回した中邑は試合後のリング上で、周囲を騒然とさせる。「言いたいことがある。新日本プロレスの歴史、全てのレスラーの思い、このIWGPにはこもっている。その思い入れはある。ただ、輝き。このIWGPに、昔のような輝きがあるか？ 俺はないと思う。足りない。猪木――！旧IWGPは俺が取り返す！ 時代が変われば、プロレスも変わります。それでも俺はやります！ ついて来るヤツはついて来てください！」。

「触らぬ神にたたりなし」だった猪木に、ついに中邑はこれまでの間接的な表現から一変し直接的に宣戦布告した。リング上で発言した「旧IWGP」とは、猪木が強さの象徴として80年代に創設したIWGPヘビー級王座の初代ベルトのことだ。この中邑の発言に対して、猪木を総帥とする「IGF」サイドが反発した。だがIGFの大会への来場を要求された中邑は、あくまで猪木個人との問題であるとして受け付けず。「アントニオ猪木にケンカを売った男」の先輩でもある格闘王・前田日明の元を訪れるなど、その波紋を広げ続けた。

そして10月14日に猪木が公の場で初めて中邑への返答を口にする。腰椎すべり症の手術から退院した直後の猪木は「ホラ吹くにもホラ吹ける状態じゃないから（笑）。ただ、オレも引退してるじゃん。そうだそうだって感じにはならんでしょ。まあ、いいじゃん。いろいろアピールしろよって。オレを利用してもらって構わないから。昔だったらバカ言ってんじゃないよって言うかもしれないけど、自己主張をもっとしっかりとして。そのために、アントニオ猪木を使うのは大いに結構ですよ」と、弟子からの挑戦表明をあしらった。当時の猪木は66歳で、引退して11年が経っていた。直接対決が現実的でないことは誰の目にも明らかだった。

とはいえ非現実的な発言、スキャンダラスな手法で世間と戦い続けてきたのがアントニオ猪木であり、かつての新日本プロレスだったはず。中邑は10月17日の埼玉・幸手大会のコメントで「要はノーでしょう。正直ショックでね。すぐにコメントってわけにもいかなかったですよ。1対1でやることに関して、『バカだ』『無理だ』と言われたりもしましたよ。でもね、プロレスってさ、普通の社会と違うんだよ。年齢なんて関係ねぇ。常識的なこと言ってんじゃねぇよ」と明らかな失望を口にしている。そんななかでも10月12日両国大会ではZERO1の大谷晋二郎を下し初防衛に成功。そして11月8日両国大会で、戦列復帰してきたライバル・棚橋を挑戦者として迎え撃つことになる。

激化していく「棚橋イズムvs中邑イズム」

中邑の「猪木発言」に最も強く反発したレスラーは棚橋だった。「ストロングスタイルの呪いにかかってますね。それをファンが思うのであれば祈りであって、中邑の場合は呪いです。その呪いを解けるのは俺しかいない」。ベルトの輝きが足りないという中邑の発言は、それまで巻いていた棚橋の存在を否定するものだ。それだけでも屈辱的な上に、よりによって忘れ去ろうとしていた過去をわざわざ掘り起こされているのだ。

猪木が標榜した「ストロングスタイル」は、新日本の伝統であり繁栄の象徴だった。しかし猪木引退後の2000年代には、格闘技の台頭、選手の大量離脱により新日本は暗黒時代に突入する。これまでのビジネスが立ち行かなくなっているのだから、新日本は過去から脱却して新しいものを作る必要があった。

棚橋は時代の変化とともに新日本を変えた。スキャンダラスでスリリングなリング上から根付いてし

「ストロングスタイル復興」を掲げる中邑と、新日本の新しい地平を切り開こうとする棚橋は“イデオロギー闘争”を繰り広げた（写真は2009年11・8両国国技館、中邑がIWGPヘビー級王座を防衛）

まった「プロレス＝怖い」というネガティブイメージをなくすために、誰もが楽しめてまた来たいと思わせるハッピーエンドの世界を目指した。女性も子供もみんなが笑顔の空間を作り上げようとした。そのためには「ストロングスタイル」の言葉からは脱却するべきだった。07年には新日本プロレス道場に飾られていた猪木の特大パネルを外した。かつての熱狂的なファンである「猪木信者」からブーイングを浴びる役目は、棚橋が引き受けた。彼らには過去を懐かしむ権利がある。しかし、新日本プロレスは変わらなければ、前に進まなければ生き残れない。だからこそ中邑の発言は、棚橋にとって受け入れがたいものだった。棚橋のかつての師匠・武藤敬司の言葉を借りるならば「思い出とケンカしたって勝てっこねえよ」というわけだ。

中邑と棚橋、この年3度目の一騎打ちとなるＩＷＧＰヘビー級選手権は、互いのイデオロギーがぶつかり合う激闘となった。試合開始のゴングと同時に、一歩も譲らない張り手の応酬が繰り広げられる。中邑の背中にハイフライフローを決めた棚橋だったが、2発目をかわされてしまい自爆。すかさず中邑が後頭部へのボマイェを見舞って戦況を五分に戻す。一進一退の攻防から棚橋は再びハイフライフローを放つが、中邑はこれをナックルパートで迎撃。ハイキック、ナックルからついにボマイェをサク裂させて3カウントを奪った。負傷により王座返上した前王者・棚橋を破ったことで中邑は「これで〝暫定王者〟じゃなくなったでしょ」とこれまで巻いていなかったベルトを堂々と腰に巻いた。

そしてそのリング上で、中邑は一連の「猪木発言」にケジメをつけるかのようにこう語った。「誰が言ったかは覚えちゃいねえ。過去には勝てない、昔の思い出とは戦えない…。俺は29歳。プロレスもまだ7年。そんなこっちゃ分からない。過去と戦って、何が悪い！　昔を超えようとして、何が悪い！　未来は俺が作る！　生きたいように生きる、なりたい自分になる。それがプロレスラーだろ！」。新日本プロレスが転換期にあること、変化が必要なことは中邑も重々承知だった。90年代後半から00年代前半にかけて団体を混乱に陥れた猪木へのアレルギーが社内に強く残っていることも理解している。しかし中邑は「それはそれでいいけど、でも猪木さんが創った（70年代以来の輝かしい）歴史そのものまで、まるでなかったかのように扱うのは、戦う集団としては違うだろう」と、問題提起したのだ。過去と決別するにしても、決して目を背けず、逃げることなく堂々といたい。それが「ストロングスタイル」を受け継ぐ男の矜持だった。かなり余談だが、当時の取材の際にたまたま中邑がこよなく愛する氷菓「ガリガリ君」を巡る雑談になり「長年の伝統を守りながら、絶えず革新的な味を続けているんですよ。『伝統とは革新の連続である』っていう格言をまさに追求している」と熱く語っていたことがあった。その言葉に中邑の目指すべき王者像を見たような気がしたが、もしかしたら本当に気のせいだったのかもしれない。

その後の中邑はＩＷＧＰヘビー級王者として盤石の政権を築いていく。12月の愛知県体育館大会で永田裕志を下し団体内に敵なしをアピールすると、翌10年1月4日東京ドーム大会では帝王・高山善廣を相手に4度目の防衛に成功。「過去は今に、今は未来に続く。今を生きるしか未来は作れない！　俺は今日生きたぞ！　以上！」と勝ち誇った。棚橋が武藤からバトンタッチを受けた1年後の東京ドームのリング上は、中邑が高山という壁を超えるという真逆のカラーの結末となった。しかしこの東京ドームのメインイベントの振り幅こそ、この1年間で棚橋弘至と中邑真輔という2人のレスラーがそれぞれの地位を確立し、不動の評価を得たことの証明でもあった。

2010
（平成22年）

真壁がトップにのし上がる！ 小島、飯伏も来た！

蝶野の決断、ミラノの功績

２００９年終了時点で団体最高峰のＩＷＧＰヘビー級王座は中邑真輔が保持していた。しかし東京スポーツ新聞社制定プロレス大賞のＭＶＰに選ばれたのは棚橋弘至だった。新日本プロレスの所属選手の同賞受賞は、くしくも棚橋が東京ドームで〝バトン〟を手渡された武藤敬司の新日本時代の01年以来、実に8年ぶりのことだった。ＮＯＡＨや全日本プロレスといったライバル団体の後塵を拝してきた新日本は、ようやく業界盟主の座を取り戻そうとしていた。

２０１０年の新日本プロレスは、功労者との別れとともにスタートを切る。武藤、そして橋本真也とともに「闘魂三銃士」と呼ばれた〝黒のカリスマ〟蝶野正洋が1月31日をもって退団することを発表したのだ。１９８４年入門の蝶野は、実に25年間にわたり新日本の屋台骨を支えてきた。「夏男」として絶対的な強さを誇った「Ｇ１　ＣＬＩＭＡＸ」を5度制覇した記録は、２０２２年現在でも最多優勝回数となっている。前年の10月にはデビュー25周年記念興行を両国国技館で開催し、全日本の武藤敬司、ＮＯＡＨの小橋建太とドリームチームを結成。小島聡＆秋山準＆中西学組とのドリームマッチを勝利で飾ると、橋本さんの息子・大地君をリングに呼び込んで４人で勝ち名乗りをあげていた。結果的にはこの試合が新日本での集大成となった。

長年の激闘でダメージが蓄積し、首や両ヒザ、左ヒジなどの手術も経験した。正式発表前に東京スポーツの取材に応じた蝶野はフリー転向の理由の一つとして「今の年代に合った体作り。リビルドだよね。（2月以降は）リングと少し距離を置くかもしれない。ケガを保障してくれる体制はありがたいけど、（新日本の）負担になっちゃうだろうし。自分に合った契約のペースを取れる形を取りたい」と、体調面の充実を最優先させることを挙げている。さらに「現場の若い世代が充実してきているというのも最大の理由でしょうね」と、新日本内の世代交代が着々と進んでいることも強調した。棚橋、中邑世代の台頭が進む反面、近年の蝶野は第一線から遠ざかっていた。闘魂三銃士のなかで最後まで新日本のリングで戦い続けてきた黒のカリスマも、ついに現世代に〝バトンタッチ〟を決めたのだ。

蝶野の退団は21日に行われる「25周年記念パーティー」（グランドプリンスホテル赤坂）で公式に発表された。この2日前、新日本プロレスの会見で菅林直樹社長（当時）は蝶野の今後について「長期休養」と発表し退団報道を否定していた。情報が錯綜する中で公の場に姿を現わした蝶野は「きれいな言葉で言えば、卒業、になるのかな。今の自分の扱いを見ていると、新日本での役割は終わったのかなとも思う。自分のやりたいことになり、会社が自分にやってもらいたいことになり、そういうプランが何も出てこない状態がここ何年か続いていた」と、フリーランスになることを明言した。その上で復帰後の自身の役割はプロレス界を盛り上げることだと言い切った。

蝶野自身も居場所を失いつつあった新日本ではなく、他団体のリングに上がることで業界を活性化できると考えていた。当時の取材ではオフレコだったが「武藤さんの全日本で復帰戦やったら盛り上がると思う」と語っており、その言葉通り同年11月の復帰戦、及びフリー第1戦目の舞台には全日本プロレスの台湾大会を選んだ。退団後も円満関係を強調していた新日本のリングでは、解説やゲストとしての来場はあるものの試合を行ってはいない。その後も少ない試合数ながらフリーとして活動した蝶野は14年以降リングから遠ざかっているが、今日にいたるまでいまだに正式な「引退」は明言していない。脊柱管狭窄症に苦しむ22年5月の取材では「リングに戻って引退試合をするというのが、夢としてはありますよね」と語っており、いつか自らの手でピリオドを打つ日が来るのか、注目される。

ちなみに蝶野と言えば有名なのが、日本テレビ系『ダウンタウンのガキの使いやあらへんで!』の「笑ってはいけないシリーズ」で月亭方正（山崎邦正）に浴びせる「蝶野ビンタ」だ。20年末に同シリーズが休止となるまで、10数年にわたって大みそかの人気番組で強烈なビンタを披露し続けてきただけに、もはや蝶野の試合映像よりもそのシーンを見たことがある人の方が上回っているのではないか…。それこそオールドファンがビンタと言って想起するのはアントニオ猪木で間違いないだろうが、もしかしたら現在の20～30代にとっては「ビンタの人」と言えば蝶野の印象の方が強いのかもしれない。

蝶野と同時期にリングに別れを告げたのが、ジュニア戦線を盛り上げていたミラノコレクションA.T.だ。ミラノは00年5月に闘龍門でデビューすると、フリーとして06年から新日本に参戦。07年の「ベスト・オブ・ザ・スーパージュニア」で初出場初優勝を果たす。本格参戦からわずか10カ月での同リーグ戦制覇は快挙であり、08年1月から正式に新日本所属選手となった。卓越したテクニックで人気を博し、現在の新日本マットでＳＡＮＡＤＡが使用するパラダイスロックや、ＤＯＵＫＩが使用するイタリアン・ストレッチNo.32を開発したのもミラノだった。

ミラノの選手生命を奪ったのは「両目下直筋下斜筋麻痺」。目の筋肉の麻痺により複視（物が二重に見える）などを起こすもので、ボクサーや格闘家に多いケガの一種と言える。ミラノは09年9月に手術を行ったが、術後の経過が思わしくなかったことから引退を決断。引退会見では「デビューする前に、師匠のウルティモ・ドラゴン校長に言われた言葉が『現役生活よりもその後の人生の方が長いんだからよく考えてやれよ』と。『この人はデビュー前に何て事を言うんだ』と思ったのですが、10年やれるとは思ってなかったので。それが最高峰の新日本プロレスまでたどり着けたので。欲を言えばキリが無いですけど、自分のプロレス人生を考えたら後悔は無いですね」とすがすがしい表情を浮かべた。

ミラノの引退セレモニーは2月14日の両国国技館大会で行われた。白いタキシード姿に透明犬「ミケーレ」を引き連れて入場。かつて付き人を務めたハヤブサ、サプライズゲストとして登場したウルティモ・ドラゴンから花束を受け取ったミラノは思わず涙ぐみ、万感の表情で引退の10カウントゴングを聞いた。引退後は東洋医学の道へ進むことを明言していたことから「俺は今まで、人に体を治されてばっかり来ました。今度は、俺が人の体を治していく。そういう立場に行こうと思ってます。今日、来てくれたハヤブサさん。俺がプロレス界に初めて入った時に、ハヤブサさんの付き人から全てが始まりました。俺の第二の人生も、どうやらハヤブサさんから始まるみたいです。8年間、車椅子生活だったハヤブサさんを絶対！　治してみせます！」と宣言。最後は代名詞の「みんな！　イタリア革命についてこい！」で締めくくり、約10年のレスラー人生に終止符を打った。

引退後のミラノは足圧整体師として働く一方で、プロレス解説者としても活躍。豊富な知識と軽妙な語り口で一躍人気を博す存在となった。これまで新日本プロレスのテレビ中継『ワールドプロレスリング』や、14年12月にサービスが開始される「新日本プロレスワールド」（動画配信サービス）の大会中継における解説者は、いわゆるマスコミ勤務者・及びOBを中心にキャスティングされることが多かったが、ミラノや山崎一夫（21年1月で退任）のような元レスラーによる目線の解説は分かりやすい技術論が加わってより強い説得力を伴うものとなる。また現役レスラーがゲスト解説として出演する際には、持ち前の高いコミュニケーション能力で解説席を盛り立て、新日本プロレス中継に新たな楽しみ方をもたらした功績は大きい。19年からは女子プロレス団体「スターダム」のスペシャルコーチにも就任するなど、マルチな才能で現代のプロレスシーンを支えている。

IWGPヘビー級王者・真壁がかけた1本の電話

前年9月からIWGPヘビー級王座を防衛し続けてきた中邑真輔の快進撃をストップさせたのは、その中邑との新王者決定戦で敗れていた真壁刀義だった。10年3月22日、兵庫・尼崎市記念公園総合体育館大会で行われた「NEW　JAPAN　CUP」決勝戦では後藤洋央紀に敗れ準優勝に終わるものの、その後藤が4月4日後楽園ホール大会で中邑の王座に挑戦失敗すると即座に動いた。真壁は直前の2月にもNOAH日本武道館大会でGHCヘビー級王者・杉浦貴に敗れていたこともあって中邑は難色を示していたが、他に挑戦者候補が現れなかったためリマッチが決定。負けても負けても立ち上がる、まさに雑草男らしいチャンスの掴み方だった。

そして真壁の執念は、5月3日福岡国際センター大会で実る。中邑のヒザ蹴りに苦しめられたが、雪崩式のパワースラムを敢行して形勢を逆転させる。この際に左肩を負傷した中邑の動きが鈍ったのを見逃さず、容赦なく攻め立てた。飛び付き腕ひしぎ十字固めも、相手の負傷個所の左肩を踏みつけて脱出。スパイダージャーマン、後頭部へのキングコング・ニードロップを叩き込むと、なおも立ち上がろうとする中邑を再度のキングコングニーでなぎ倒し、激闘に終止符を打った。

1996年の入門から14年、真壁はついにIWGPヘビー級のベルトを手にした。過酷な練習環境に年代の近い先輩も後輩も辞め、同期の藤田和之は格闘技の道へと進んだ。「辞めさせるための理不尽なシゴキ」を生き残り、たった一人でプエルトリコに行き、インディー団体「アパッチプロレス」参戦も経験した。辛く険しい道のりだったが、すべてはこの日の勝利で報われた。いわゆるエリート街道を突き進んできた中邑から、ずっと届かなかったベルトを奪ったところに雑草の意地を見た者は少なくない

2010年5・3福岡国際センターで真壁が中邑を破り、デビュー13年目にしてIWGPヘビー級王座初戴冠

だろう。勝利者インタビューで真壁は「あれだけ食らわされて（しごかれて）よ、ミジメな思いしてよ、なんでそのまま逃げるんだよ。冗談じゃねえよ。まあ逃げるところも帰るところもなかった。それに悔しければ悔しいほど、先輩たちを一人一人ねじ伏せて、這い上がりてえと思ったんだよな。14年？ 早かったよな。こんな下っ端がここまでになれるんだ。そういう現実が分かったからよ、いま下々で踏ん張ってるヤツらが明日から気合入れて『俺にもできるんだ』って思うだろ？ そうなったら面白えじゃん」と勝ち誇った。

感動冷めやらぬ会場で、忘れられない光景がある。筆者は大会終了後にシャワーを浴びた後の真壁が携帯電話を手に話をしている場面にたまたま出くわした。電話を切り終わった真壁が万感の表情を浮かべていたので、誰と話していたのかを聞くと「オヤジがよ、ベルト取ったこと伝えたら、泣いてたんだよ。まだ書かないでくれよな。時間が経ってから書いてよ」。あれから12年以上の時が経ったからもう公にしてもいいだろう。耐えがたきを耐え、忍び難きを忍んできた艱難辛苦のプロレス人生を歩んできた男は、コメントブースまではいつもの「べらんめえ」口調だったが、家族の祝福を受けて感極まっていた。

やられてもただでは倒れない男は、初防衛戦の相手として2月にGHCヘビー級王座奪取に失敗したNOAHの選手を指名。当初の挑戦者だった力皇猛の代役・潮崎豪を6月19日大阪府立体育会館大会で下して初防衛に成功する。試合後のリング上には同大会でNOAHの丸藤正道からIWGPジュニアヘビー級王座を奪回したプリンス・デヴィットを呼び込み「いいか！ これからだよ。たった今から、新日本の大逆襲が始まるからよ！ お前ら見に来い！」と高らかに宣言した。00年代前半の暗黒時代を経て、プロレス界盟主の座はNOAHに移ってしまっていた。しかしNOAHもまた09年6月13日に大黒柱の三沢光晴が試合中のアクシデントで死去し、苦境に立たされていた。対照的に新日本は棚橋、中邑という2大エースに加え真壁というもう1本の柱が生まれつつあった。団体再建への手ごたえを満天下にアピールした真壁は、7月19日の札幌・月寒ドーム大会で前王者・中邑の挑戦も返り討ちにして確固たる地位を築いた。

リング上の活躍もさることながら、真壁はその見た目からは想像もできない「大の甘党」というギャップが受けて「スイーツ真壁」としてテレビなどでもブレイク。タレント顔負けのトーク力もあり、メディア露出が一気に増えた。芸能活動の成功もあり、その人気・知名度も業界トップクラスにまで登り詰めていった。

賛否の中、小島が新日本をまかり通る

充実一途の新日本のリングに、一人の男が帰ってきた。7月11日の後楽園ホール大会で、この年の5月に全日本プロレスを退団した小島聡が現れ、フリーとして「G1 CLIMAX」に参戦することを発表したのだ。02年1月に武藤敬司とともに新日本を退団した小島は、左ヒジの手術による長期欠場と、武藤からの卒業を理由に王道マットを離れた。新天地がどこになるか注目されていたが、古巣・新日本での復帰を選択。大歓声とブーイングが交錯するリングに立つと「ただ参加するために帰って来たわけではありません。このリングに置いていった忘れ物を、すべて持って帰りたいと思います。G1 CLIMAX、優勝宣言します！　新日本プロレス、行っちゃうぞ、バカ野郎！」と宣戦布告した。

小島は全日本の3冠ヘビー級王者時代の05年2月に、天山広吉とのダブルタイトルマッチを制して史上初の4冠王に。新日本時代は手が届かなかったIWGPヘビー級のベルトを戴冠した。つまり残された「忘れ物」とは未戴冠のG1トロフィーに他ならない。この年で20回目を迎える「真夏の祭典」は、過去19年すべての大会で新日本の所属日本人選手が優勝していた。史上初の「外敵制覇」こそが、フリー

になった小島の最初にして最大の目標だった。

そして迎えたG1で、小島は手術明けとは思えない快進撃を見せた。永田裕志と中邑真輔には敗れたものの、高橋裕二郎、潮崎豪、井上亘、ジャイアント・バーナード、後藤洋央紀を撃破し5勝2敗でBブロックを突破。Aブロックを突破して覇権奪回を狙う棚橋弘至との優勝決定戦に進出した。02年の選手大量離脱時に、武藤に付いて退団した小島と、その武藤の誘いを断って残留しエースへの道を切り開いた棚橋による頂上決戦は何やら運命じみていた。棚橋のハイフライフローをかわした小島は、後頭部へのラリアットで逆襲。最後はスリングブレイドにカウンターのラリアットをサク裂させて3カウントを奪った。「G1 CLIMAX」20年目にして、史上初の外敵覇者が誕生した瞬間だった。

新日本時代の「忘れ物」だったタイトルを獲得すると同時に大会の歴史に名を刻んだ小島は「こんな奇跡ねえだろ？ 2カ月前には（左ヒジ手術で）試合も出来なかった男がG1 CLIMAXで優勝するなんて。どんなに自信があったって、実際にこんな風景が待ってるなんてとても思えないよ。よっぽど自信があるヤツじゃないと。でも俺はここまでそういう悩みや葛藤と戦ってきたんだ」と豪語した。そして同時に真壁の持つIWGPヘビー級王座への挑戦も表明した。

古巣参戦から一気にトップに登り詰めた小島に対して、新日本内のハレーションは決して小さくなかった。IWGPヘビー級王者として小島の挑戦を迎え撃つことが決まった真壁は王座戦の調印式で「俺はこいつのこと、大っ嫌いなだけだよ。アイドル気取りみたいに『私のこと好きになって下さい』みたいな事ぬかしてる野郎がよ、好きになれるかってことだよ！ ゴマすってる奴がよ…ゴマ風船みたいなもんだよな」と痛烈に批判。また当時、脊椎管狭窄症および右肩亜脱臼で長期欠場中だった小島の元パートナー・天山広吉も報道陣の取材に対し不快感をあらわにしていた。極端な言い方をしてしまえば、新日本が危機的状況にあった時代に他団体へ移籍し、再び上昇気流に乗ったところで戻ってきたと思われ

全日本を離れフリーとして古巣参戦を果たした小島が、G1の20回目の記念大会で棚橋を破り、史上初となる新日本所属外としての優勝を達成（2010年8・15両国国技館）

ていたのだ。

しかしそんな声を、小島は結果で跳ね返す。10月11日両国国技館大会で、真壁をラリアットで沈めてIWGPヘビー級のベルトまで強奪。3冠ヘビー級王座との「4冠」を達成した05年には腰に巻かなかった新日本の至宝を堂々とその腰に巻いた。「こうやって、自分の手元にベルトがあるっていうのは、こんなに面白いことはないよ。こんな素晴らしいこともないし、俺はプロレスラーとして、いま最高の時間を過ごしていると思います」と感慨深げな表情を浮かべた。小島は初防衛戦の相手として、G1公式戦で敗れていた中邑真輔を指名。12月11日の大阪府立体育会館大会で雪辱を果たし、初防衛に成功する。史上初の外敵覇者は最強の外敵王者として、翌年の1月4日東京ドーム大会メインイベンターの座を勝ち取ったのだ。

ゴールデンコンビ、襲来！

小島がIWGPヘビー級王座を奪取した10月11日両国大会では、もう一つの〃外敵王者チーム〃にして、プロレス界に新たなスター2人が誕生していた。DDTプロレスリングの飯伏幸太とケニー・オメガによる「ゴールデン☆ラヴァーズ」だ。田口隆祐&プリンス・デヴィットの持つIWGPジュニアタッグ王座に挑戦した2人は、卓越した身体能力とピタリと息の合った連係で新日本のファンを魅了。最後は飯伏がフェニックス・スプラッシュでデヴィットを華麗に圧殺して、メジャーのタッグタイトルを奪ってみせた。

飯伏は04年にDDTでデビュー。「ゴールデン☆スター」の異名を取り、1年目から頭角を表す。181センチの上背ながら軽量級選手顔負けの空中殺法と、新空手仕込みの強烈な打撃技、そして本屋やキャンプ場などリングのない路上プロレスでも躍動する破天荒なファイトスタイルで一気にスターダムにのし上がった。09年から新日本の「ベスト・オブ・ザ・スーパージュニア（ＢＯＳＪ）」に参戦すると、その名はプロレス界全体に響き渡る。10年大会では優勝決定戦に進出。プリンス・デヴィットに敗れ準優勝に終わったものの、試合中に左肩を脱臼しながら最後まで戦い続けるファイティングスピリットも見せた。

カナダ出身のケニーは06年にはＷＷＥの傘下組織にも在籍したが、理想と現実の乖離に苦しみ退団。飯伏の試合動画を見て「この男と戦いたい」と思い、ＤＤＴの高木三四郎社長に猛烈な売り込みをかける。08年に初来日すると、8月の新木場大会で飯伏とハードコア変則3本勝負で対戦。敗れはしたが壮絶な戦いでファンの心を掴んだ。「試合の後に泣いたのはあれが初めてだ。最初は日本に行ければ、それだけで満足できるかも、と思っていた。家族も日本で仕事をすることを反対していたし、当時の彼女も結婚して子どもを欲しがっていた。でもその試合が終わって、今ここで辞めたらもったいないという気持ちが一番強かった。次はどうしよう。とりあえずもう1回日本に来て、ベルトを取りたい。飯伏と一緒にそれが出来たら…。もしかして世界で一番いいタッグになれるかもしれない。夢が止まらなかった」（『Ｎｕｍｂｅｒ』２０１7年プロレス特集号より）。

意気投合した飯伏とケニーは09年1月からタッグチームを結成し、ファイヤーバード・スプラッシュの同時発射「ゴールデンシャワー」など誰にもマネできない独創的なファイトで人気を博す。インディー団体に彗星のごとく現れた若きスター候補と、海を超えてその男と一緒に戦いに来た外国人のコンビに、多くのファンが感情移入した。10年にはケニーもＢＯＳＪに参戦を果たし、新日本ファンからも認知されるようになる。日に日に高まっていた期待感はついに両国で爆発し、会場に熱狂的な興奮を生んだ。2人がベルトを獲得した試合は、同年のプロレス大賞ベストバウトを獲得する。ジュニアタッグの試合が同賞を獲得するのは史上初の快挙だった。

一気に新時代の扉を開いた2人だったが、試合後も普段と変わることはなかった。飯伏が「新日本プロレスがストロングスタイルで最強だと思ってるんで。どこでも。僕は川でやりたいですね。川でプロレスがしたいです。いいですよね？　冗談じゃないです。本当に川でやりたいです。（これまでも）いろんなところで（プロレスを）やってきて」とキテレツなプランをぶち上げると、ケニーは「これについてはちょっと話し合いが必要だ」と苦笑。微笑ましいやり取りに新日本関係者は呆気に取られていた。

ゴールデン☆ラヴァーズは11月に前王者の田口＆デヴィットを返り討ちにすると、12月には名タッグチームの邪道＆外道の挑戦を退けV2に成功。翌年1月までベルトを保持し続け、飯伏は11年1月4日東京ドーム大会という大舞台でデヴィットの持つIWGPジュニアヘビー級王座に挑戦するなど、更なる飛躍を見せる。しかしこれは2人にとってまだまだサクセスストーリーの序章に過ぎなかった。飯伏とケニーはその後も、時には違う道のりを歩ながらも成長と進化を続け、新日本のみならず世界中のプロレス界から注目を集める存在となる。

ヤマハ・ブラザーズとの別れ

10年は辛い別れが多い1年だった。8月28日、〝鬼軍曹〟と呼ばれた山本小鉄さん（本名・山本勝）が低酸素脳症で死去した。68歳だった。24日に静養先の長野・軽井沢町で昼食後に、息を詰まらせて心肺停止に。蘇生措置で息を吹き返したが、そのまま意識は戻ることなく28日に息を引き取った。小鉄さんは亡くなる直前まで元気な姿を見せていた。筆者も死去する1週間前には、新日本の道場でウエートトレーニングしていた姿を目撃している。

小鉄さんは1963年1月に日本プロレスに入門。力道山最後の弟子として知られ、170センチとレスラーとしては小柄な体格ながら星野勘太郎との名タッグ「ヤマハ・ブラザーズ」を結成しアメリカで活躍した。72年3月にはアントニオ猪木とともに新日本プロレス旗揚げに参画。80年4月に後進の育成とテレビ中継解説を猪木から依頼されて現役を引退した。文字通りの「鬼コーチ」として後進の指導にあたり、前田日明、髙田延彦、船木誠勝、武藤敬司ら数々の名選手を生み出した。小鉄さんのキャデラックの音が道場に聞えただけでレスラーたちが震え上がったというエピソードはあまりに有名だ。『ワールドプロレスリング』のテレビ解説者としても活躍し、当時実況を担当していた古舘伊知郎とも名タッグを結成した。ミラノの項でも触れたが、説得力抜群の元選手解説者は山本さんが元祖的な存在と言っていい。

小鉄さんの告別式は9月3日に行われ、多くのレスラー、関係者が駆けつけた。弔辞は新日本の菅林直樹社長（現・会長）と、前田日明が読んだ。前田は「奥さんと娘さんからお願いされて『前田さんのことをいつも気にかけてたし、怒ってたし、ほめてたし。怒られるときもほめられるときも、俺が一番なんです』って、そういった意味で家族の中では自分の名前がいちばん耳についてるってことで、俺がやるのがいいんじゃないかって言われました」と引き受けた理由を明かした。

前田は小鉄さんが最もかわいがった弟子の一人だ。「誰も相手をしたがらない」という理由で、前田のデビュー戦の相手（1978年8月25日）を引き受けたのも小鉄さんだった。線が細かった若手時代の前田の体を大きくするために、どんぶり5杯のご飯を食べ終わるまでずっと目の前で見ていたという。前田は「私生活とかないんじゃないかってくらい、熱心に後輩を指導してくれた。入門2年目くらいに親父が十二指腸潰瘍で腹膜炎を起こし、手術することになって1回家へ帰ったんだ。その時、小鉄さんが『これ持っていけ』ってポケットにバッとカネを突っ込んでくれて。見たら50万円くらい入ってたんだよ。すごく後輩思いの人だったけど、怒るときは思いきり怒る。本当に厳格な人だったね」（2022年9月7日、東京スポーツ）と故人を振り返っている。

まるでその小鉄さんの後を追うように、「ヤマハ・ブラザーズ」のパートナーだった星野勘太郎さん（本名・星野建夫）が、11月25日に肺炎のため67歳で死去した。星野さんは09年2月に脳梗塞で倒れ、入院2日目に肺炎を併発。一時は危険な状態に陥っていたが、その後は回復しリハビリ専門の病院で治療を受けていた。小鉄さんの訃報には号泣していたという。

星野さんは1961年に日本プロレスに入門。小兵ながらも血気盛んなファイトで人気を博し、ヤマハ・ブラザーズでアメリカマットを中心に実績を残した。またミル・マスカラスの日本デビュー戦（71年2月19日）の相手を務めたことでも有名だ。74年の新日本プロレス移籍後も持ち前の気迫溢れるファイトで活躍し「突貫小僧」の異名を取った。89年9月21日の横浜大会では獣神ライガーと控室まで続く大乱闘も起こした。ライガーに丸め込みで敗れたことで、突貫小僧の導火線に火がついたのだ。ライガーは後年になってこの事件について「星野さんは気の強い方ですから『姑息な技で、テメー！』ってボコっときて。僕も『勝負ついてるのに何するんだ』ってリングで殴り合って、星野さんを控室まで追っかけていってケンカしたっていう、いい思い出です（笑）。坂口征二さんたちが止めに入るくらいだったたから相当激しかったんでしょうね。アントニオ猪木さん、藤波辰爾さんもいらっしゃいましたし。おいおい、そんな方々に止めに入らせて…って思うよね、今となっては」（2020年8月27日、東京スポーツ）と明かしている。

95年2月の現役引退後は地元の神戸でプロモーターとして手腕をふるった。さらに2002年からはヒールユニット「魔界倶楽部」の総裁として現場復帰。決めゼリフでもある「ビッシビシ行くからな！」が大流行した。魔界倶楽部は04年に活動を休止するも、06年に再結成される。08年9月からは真壁刀義率いる「G・B・H」との因縁が生まれ、同年12月には何と星野さんが抗争相手の外道と「ストリート・ファイト・エニウェアフォールマッチ」で対戦。65歳とは思えぬファイトを見せ、急所蹴りからのパンチでフォール勝ちを収めている。「外道！　いつでも来い！　ビッシビシ行くからな！」とマイクアピールしてファンを喜ばせた。

星野さんの遺志は甥の星野真二さんが引き継いでおり、社長を務める「新日企画」でプロモーターとしてビッシビシと辣腕を振るっている。死去した翌年の11年9月神戸ワールド記念ホール大会では星野勘太郎メモリアルマッチが行われた。今も星野さんの故郷である神戸の地のプロレス熱が高いのは、真二さんの努力の賜物と言える。

2011
(平成23年)

棚橋の奮闘で新日本復活が現実のものに

棚橋が涙した仙台の一夜

２０１１年の新日本プロレス、そしてプロレス界を牽引したのは、棚橋弘至だった。09年８月に眼窩内側壁骨折でＩＷＧＰヘビー級のベルトを返上して以降は結果に恵まれず、10年の「Ｇ１ ＣＬＩＭＡＸ」ではフリーとして参戦した小島聡に優勝決定戦で敗北。結果的には史上初の外敵Ｇ１覇者を誕生させる戦犯となってしまった。しかし10年12月の愛知県体育館で後輩の内藤哲也とのシングルマッチに勝利して世代闘争を制すると、満を持して小島の持つＩＷＧＰヘビー級王座に挑戦を表明。年間最大興行である11年１月４日東京ドームのメインイベントで挑戦した。

このシチュエーションは２年前に酷似している。09年の１月４日東京ドーム大会で棚橋は、当時全日本プロレスの武藤敬司からＩＷＧＰヘビー級王座を奪回した。武藤と同じく〝外敵王者〟として君臨する小島から、またしても至宝奪回の使命を背負ったのだ。これは棚橋が団体から切り札的な存在を担うエースであることを完全に認められた証明と言っていい。そしてその期待に、棚橋は結果で応える。小島の必殺技ラリアットを浴びながらも３カウントを許さない。追撃のラリアットをかわしてドラゴン・スープレックス、スリングブレイドで攻勢に転じると、ボディアタック式のハイフライフローを発射。

最後はハイフライフローで激闘に終止符を打った。

自身5度目のＩＷＧＰヘビー戴冠を果たし、再び主役の座についた棚橋は試合後のリングで「もう一度！　これからのプロレス界を任せてください。ありがとう。大丈夫だ。俺はもう未来を掴んでいる」とファンに宣言した。09年にプロレス大賞ＭＶＰを受賞し、すでに業界を代表する存在になっていた棚橋だが、翌年は不振が続いた。一昨年の活躍が「フロック」だと思われないために、そしてまだ完全に人気が戻り切っていない業界のために、さらなる成長が求められていた。「プロレス界は俺に任せてください。俺が引っ張っていきます。俺が切り開いて、プロレスのステージをより高い位置に持っていきます。それが俺が生まれてきた使命です」。この時、棚橋は34歳。プロレスラーとしてまさにピークを迎えようとしていた。そしてここから、本当の意味での棚橋の快進撃が始まっていくのだった。

棚橋を筆頭とした選手たちの努力は実を結び始め、新日本プロレスの再興は着実に進んでいた。棚橋の初防衛戦は2月20日に仙台サンプラザホールで行われ、３２００人超満員札止めの観衆を集めた。対戦相手は前王者の小島だ。リベンジマッチを受けて立った棚橋は、小島の必殺技であるラリアットを封じるために序盤から右腕に集中攻撃を加えていく。ハイライトは20分過ぎだった。ラリアットを繰り出そうとした小島に、ロープに振られた棚橋は何と掟破りのラリアットを発射。誰もが驚く予想外の攻撃で試合の主導権を奪うと、ドラゴン・スープレックスからハイフライフロー2連発で小島を返り討ちにした。

この掟破りのラリアットについて棚橋は試合後「今まで何度も小島にラリアットくらってきたからさ？　一発くらいはね。でも、もう（使うことは）ないっすね。俺のレスリングとは違うから。それでもベルトを守りたかったから」と語るにとどまったのだが…。筆者としてはこの試合が行われた2月20日が、アントニオ猪木の誕生日だったことが無関係だったとは思えない。１９８０年9月25日の広島大会で行われた猪木とスタン・ハンセンのNWFヘビー級選手権試合は、猪木がハンセンの必殺技であるウエスタン・ラリアットを繰り出したシーンが語り草となっている。相手の得意技を使うことは御法度の時代で、いわゆる「掟破り」の元祖と言っていい。猪木の誕生日に、ハンセンからウエスタン・ラリアットを継承した小島とのタイトルマッチ。棚橋がラリアットを繰り出したのは、単なる偶然ではないだろう。プロレスファンの心理を読むことに長ける逸材のことだから、戦前からチャンスがあれば狙っていたのだと思っている。

ベルトを守り抜いた棚橋は、仙台サンプラザホールの大観衆からの声援を一身に受けた。IWGPヘビー級戦が仙台の地で行われるのは実に17年ぶりだった。「まず最初に、このお客さんを見た時に涙が出ました。俺は！　今日仙台のこの日を、生涯忘れません！」とマイクアピールすると、棚橋は涙を流した。多くの思い出が去来したからだ。若手時代、盛り上がりに欠けた仙台の会場での試合を終えて「お通夜みたいな試合をしてしまった」と失言したこともあった。お客さんは何を見に来ているんだろう、楽しむ気がないのだろうか？　そんな思いをつい漏らしてしまった。しかし棚橋は、会場が盛り上がらないのはすべて自分の実力不足だったんだと考えを改めるようになった。全力のファイトはもちろんのこと、オフも返上してプロモーション活動に精を出した。プロレスを知ってもらうこと、会場に来てもらうことに生活を捧げた。メインイベントに勝った後は、リングサイドを一周してファンとハイタッチして、誰もが笑顔の会場を作り上げることを目指してきた。その努力が報われた気がして、棚橋は仙台の会場で男泣きした。

この熱を日本全国に届けたい。そうすれば新日本プロレスは復活する。エースの決意に揺らぎはなかった。

東日本大震災下、新日本が示した決意

しかし仙台での熱狂から1カ月も経たないうちに、日本列島に未曽有の天災が降りかかる。3月11日14時46分、東日本大震災が多くの人々の日常を破壊した。地震の規模はモーメントマグニチュード9・0。日本周辺における観測史上最大の地震により、最大遡上高40・1メートルにも上る巨大な津波が発生。東北地方と関東地方の太平洋沿岸に壊滅的な被害が生まれた。これに伴う福島第一原子力発電所事故も危機的状況を生み、関連死者は1万5000人を超えた。多くの被災者が住む家を失った。テレビなどで伝えられる東北の惨状は、日本全国に自粛ムードをもたらした。

新日本プロレスは震災翌日の埼玉・春日部大会を中止。しかしその翌日の13日には静岡・浜松大会を開催する。テレビをつければ24時間、東北の惨状が映し出されている時期だった。衣食住の危機にある被災者たちの姿を見て、エンターテインメントを提供する者たちは葛藤を抱えていた。果たしていま、プロレスをやっていていいのか――。内部でも賛否があった。試合前の会場では、団体の判断を批判する選手も見られた。

しかし、ここで大会を開催したのは新日本プロレスという会社による「自分たちの仕事で日本中に力を与えることができるはずだ」という決意表明でもあった。事実としてこの日の大会は2250人超満員札止め（主催者発表）の動員を記録し、いつも以上の盛り上がりを見せた。誰もが東日本大震災に対して恐れと不安を抱き、鬱屈した思いを抱えていた。そんな時に、非日常の空間であるプロレスを楽しみたい、力をもらいたいという人々は決して少なくなかった。

メインイベントで勝利を収めた棚橋は「先月、このベルトをかけて仙台でタイトルマッチをやりました。その会場では、ものすごい声援で俺らを応援してくれたプロレスファンの仲間がいました。それで

いま俺にできること、俺たちにできること。それはプロレスを通して、みんなに、全国に声援を送っていくこと。俺たちも精一杯頑張っていきますので、皆さんも自分なりの応援を送りましょう！」と団体、そして選手たちの思いを代弁した。会場からは「頑張れ仙台」のコールが起きた。

プロレスは衣食住があった上で成り立つ大衆娯楽だ。それでも戦後の力道山がそうだったように、国民に勇気と感動、夢、明日への活力を与える力を秘めたジャンルでもある。その思いは、団体の垣根を超えて一つの形となる。新日本プロレス、全日本プロレス、NOAHは、東京スポーツ新聞社主催のもと史上初の合同興行として東日本大震災復興支援チャリティー大会「ALL TOGETHER」を開催することを4月に発表した。東京スポーツ新聞社は1979年8月26日に当時のプロレス3団体であった新日本、全日本、国際プロレスによる合同興行「プロレス夢のオールスター戦」を主催。今回の〝オールスター戦〟は、32年前からさらに1歩先へ進むという意味合いから8月27日に日本武道館で開催された。

大会には所属選手に加え、3団体に参戦しているフリーランスの選手、佐々木健介ら健介オフィス勢、この年の「ベスト・オブ・ザ・スーパージュニア」で史上初めて他団体所属選手として優勝という快挙を達成したDDTの飯伏幸太などが参加。1万7000人超満員札止め（主催者発表）の動員を記録し、当日の募金として約102万円、後日になって大会の純利益約5800万円が被災地に寄付された。

この大会のハイライトはセミファイナルで行われた武藤敬司&小橋建太組vs矢野通&飯塚高史組のタッグマッチだった。武藤、小橋という全日本とNOAHのスターが、新日本が誇る極悪タッグに大苦戦。しかし最後はムーンサルト・プレスの競演で逆転勝利という、プロレスの醍醐味を見せつける一戦となった。千両役者ぶりを見せつけた武藤は「プロレスは社会の縮図と言われてるなか、一致団結して素晴らしいものを見せられるっていうのは非常にいいことというか。感無量ですよ」とコメント。満身

2011年3月に東日本大震災が発生。新日本、全日本、NOAHが一丸となって8・27日本武道館で東日本大震災復興支援チャリティー興行「ALL TOGETHER」を開催。メインで棚橋（IWGPヘビー級王者）、諏訪魔（三冠ヘビー級王者）、潮崎豪（GHCヘビー級王者）がトリオを結成した

創痍の体で戦った小橋も「体がどうなろうと今日は絶対に架け橋・ムーンサルトを、と思ったし、その思いが。あと自分のコンディションがどうなろうと前を向いていきます。それは今日の『ALL TOGETHER』の意味、倒れても起き上がっていくその姿が大事だと思うので。自分もここから立ち上がっていきたい」と、思いの丈を語った。

大会後に「プロレス最高」のチャントが巻き起こった「ALL TOGETHER」は、第2弾大会として翌年2月に被災地の宮城・仙台サンプラザホールでも開催された。この大会には地元のみちのくプロレス勢も参戦。メインに出場した棚橋は、涙に暮れた1年前のIWGPヘビー級戦以来の同会場に感極まる表情を浮かべた。試合後は「盛り上がれ仙台！ 盛り上がれ東北！ 盛り上がれ日本！」とメッセージを送り代名詞の「愛してま～す！」で締めくくった。戦後最大級の被害をもたらした東日本大震災の爪痕は、言葉では形容できないほど深い。しかし「プロレスの力」は、確かに証明された。2大会にわたって開催された「ALL TOGETHER」は、プロレスファンにとって、明日への活力となる大会として記憶に刻まれたはずだ。

唯一無二の侵略者・鈴木

東日本大震災の直後、多くのレスラーたちがプロレスの力を信じていた。鈴木みのるもまたその一人だった。当時NOAHを主戦場としていた鈴木は、GHCヘビー級王者の杉浦貴が「今『プロレスで勇気付ける』と言ったところで自己満足だと思うんですよ。今、必要なのは水であり、食料であり、物資。(中略)いつかライフラインがちゃんと復旧して、娯楽が楽しめるようになったら、僕らが試合をして元気付けられたらいいなと思います」と発言したことに猛反論。3月27日のディファ有明大会で「被災地でいま必要なのは水や食料って、そんなことはみんな分かってるんだ。でも、東北で苦しんでる人たちの中にもプロレスファンがいるだろ。そういうファンをいったい誰が救うんだ？　お前（2010年度のプロレス大賞で）MVP取ったんだろ？　お前がプロレスの力を信じないで誰が信じるんだよ!?　東北で苦しんでるプロレスファン、そいつらの心を救うのは食い物じゃねぇ、水じゃねぇ、プロレスなんだ！　こういう時に胸張って立ち上がるって何で言えねぇんだ？　それがチャンピオンだろ」と一喝した。結果的に5月に杉浦のGHCヘビー級王座に挑戦して敗れたものの、その言葉は多くのファンの支持を集めた。

そんな鈴木が次の〝侵略先〟として選んだのが新日本のリングだった。5月3日福岡国際センター大会に電撃登場。小島聡率いる「小島軍」のタイチ、TAKAみちのくと合流すると新たに「鈴木軍」を結成した。「これからよ、新日本侵攻して行こうぜ。小島、お前が座ってる席、邪魔だからどけ。その席は俺の席だ。俺が来たからにはデカい顔させねえよ」と宣言すると、6月18日の大阪大会から本格参戦を果たし、あっという間に最強外敵の座を強奪した。これを機に小島は本隊と合流し、9月には新日本再入団を発表した。かつての盟友・天山広吉とは抗争を繰り広げた末に和解し、年末には名コンビ「天コジ」も復活しファンを沸かせた。たった一人の男の登場によって、団体の勢力図は一変したのだ。

鈴木は新日本で着実に侵略を進めていく。7月18日札幌大会で小島との遺恨決着戦に勝利。8月の「G1 CLIMAX」では優勝を逃したものの、11月にはランス・アーチャーとのコンビで「G1タッグリーグ」を制覇する。そして12月4日愛知県体育館大会ではジャイアント・バーナードとのシングルマッチに勝利を収め、IWGPヘビー級王者の棚橋弘至に挑戦を表明する。鈴木は「そのベルト、俺に寄越せ。…聞こえなかったみたいだな？　じゃあお前の首を俺に差し出せ。もちろん無償で出せよ？　なんだよ、交渉決裂だよ。話し合いに来たのによ。じゃあしょうがねえ。力づくでもらうことにするよ。このベルトも、お前の首も、何もかもすべてだ！」と宣戦布告。「リングの上は力が全てだ。力こそ正義だ。

なにが新日本だ、なにがライオンだ。じゃれ合ってるのはライオンって言わねえんだ。それは猫って言うんだ。新日本、逃げんなよ。これで王手だ」と、古巣マットに痛烈な言葉を浴びせた。

鈴木は1987年3月に新日本に入門。2年で退団しUWFに移籍するが、89年3月にはアントニオ猪木とのシングルマッチも経験した。藤原組、パンクラスを経てプロレスに復帰すると03年に外敵として古巣・新日本に参戦。全日本やNOAHを経て、再び新日本に〝侵略〟に訪れた。伝統のストロングスタイルを肌で知り、総合格闘技の世界も経験した鈴木が、いわゆる新時代への転換期にあたる新日本プロレスのリングに戻ってきた意義は小さくない。とりわけ棚橋とはイデオロギー闘争の様相も呈し、抗争は白熱した。圧倒的なキャリアを誇りながら、闘争心、向上心は他の追随を許さない。2015年からNOAH侵攻の時代もありながら、2022年に至るまで約10年以上にもわたり鈴木軍がプロレス界に多大な影響を及ぼしたことから見ても分かる通り、まさに業界で唯一無二の存在として大暴れした。

中邑が生まれ変わる、インターコンチが生まれる

11年は中邑真輔にとっても転機の年となった。4月3日後楽園大会で「NEW JAPAN CUP」覇者・永田裕志を退けた棚橋から次期挑戦者として指名を受け、5月3日福岡国際センター大会でIWGPヘビー級王座に挑戦。しかし終盤のジャンピングボマイェをドロップキックで迎撃されると、ボディアタック式ハイフライフローで逆転を許す。最後はハイフライフローを浴びて3カウントを奪われた。試合後の中邑は「いいんだよ、また立ち上がれば。悪いけど、折れてないんでね。折れないんで、俺の心は。こんなにクネクネしてるんでね」と再起を誓ったが、戦績を見ればIWGPヘビー級戦4連敗。変化が必要なことは明らかだった。

そんなタイミングで、中邑はメキシコ・CMLLへの遠征が決まった。当時はまだ東日本大震災の直

2011年、外敵の鈴木みのるが新日本マットに侵攻。タイチ、TAKAみちのくらと「鈴木軍」を結成して、暴れまくった（写真は2011年11・6後楽園ホール、鈴木&ランス・アーチャーがG1タッグリーグ優勝）

後とあって、少なからず死生観の変化もあった。家族を日本に置いて海外武者修行に出ることに不安があったことも否めない。しかし中邑に立ち止まっている時間はなかった。「自分には焦りのような気持ちもあって『何かを変えたい、なんでもやってみよう』という思いが強かった。なぜかマキシモ（※オネエ系キャラのレスラー）とダンス対決してみたり…ただ、以前のストロングスタイルとあまりに違ったので、メキシコの会社からは『お前、本物（の中邑）なのか』って怒られましたけど」。

7月3日の後楽園大会で新日本マットに帰って来た中邑は風貌から大きく変化していた。一部で「クネクネ」とも評される独特のしなやかな動きは脱力を意識したもので、マイケル・ジャクソンからも着想を得たものだったが、さらにコスチュームを「キング・オブ・ポップ」を想起させるようなデザインに変更。両サイドを刈り上げたヘアスタイルも、中邑により独特な雰囲気をもたらした。そしてリング上の言動も、これまで以上に自由なものへとなっていく。

新たに生まれ変わった中邑は、真夏の祭典「G1 CLIMAX」でいきなり最高の結果を残す。8月14日両国国技館大会の最終戦で鈴木みのるを撃破しBブロック1位通過を決めると、優勝決定戦の舞台に初進出したホープ・内藤哲也と対戦。ジャンピングエルボーを両ヒザで迎撃し、変型のランドスライドを発射する。最後はボマイェを顔面に叩き込んで、悲願のG1初制覇を成し遂げた。

03年12月にデビューからわずか1年4カ月、23歳9カ月の若さで団体最高峰のIWGPヘビー級王座を獲得した。最速&最年少記録は22年現在も破られていない〝アンタッチャブルレコード〟の域にある。驚異的なスピードでトップに昇りつめた中邑だったが、G1の頂に立つにはデビューから9年の月日を要した。実に8度目の挑戦で優勝トロフィーを手に入れると「ありがとうしか今の俺には思いつかない。この声援は俺一人のためじゃない。ここにいるヤツら、みんなが知っている。一番すげえのは、プロレスなんだよ！」と決めゼリフを叫んだ。紆余曲折を経てのビッグタイトルは、もしかしたら本人にとってＩＷＧＰヘビー級王座獲得よりも価値があったものかもしれない。中邑は「思ったよりも長い時間が経った。プロレス人生、今年で9年。モチベーションを崩すこともあった。やる気がなくなることも、楽しいことも、近道も、寄り道も、全て経験したつもり。ただプロレスをやればやるほど、難しい、そして楽しい、苦しい、悔しい、自分をどうにかしたい。自分を変えたい。おこがましいかも知れませんが、逃げずにやってきた結果が今日結ばれたのかもしれません」と勝利の味を噛みしめた。もがき苦しんだエリートは、既存のストロングスタイルにオリジナリティを加えた独自のスタイルをついに完成させつつあった。

しかし現実は残酷だった。水をあけられていたライバル・棚橋はまだ先にいたのだ。9月19日神戸ワールド記念ホール大会で、Ｇ1覇者として堂々と棚橋のＩＷＧＰヘビー級王座に挑戦した中邑だったが、ハイフライフローからそのままエビ固めに移行するハイフライ・フロールで3カウントを奪われてしまった。結果的にこの敗北は重い意味を持った。ＩＷＧＰ戦泥沼の5連敗となった中邑は「それでも俺はまたＩＷＧＰ、また戦ってやろうじゃないの。俺が前を向いて戦う限り、ベルトが近くまで寄ってくるんだ。俺はいつもＩＷＧＰは特別だと思って戦ってきた」と再起を誓ったが…。その後、同王座に挑戦する機会は二度と訪れなかった。この試合が22年現在、中邑のキャリアで最後のＩＷＧＰヘビー級戦となっている。中邑が本当の意味でカリスマに君臨するのは、くしくもこの年に新設されたＩＷＧＰインターコンチネンタルのベルトを手にしてからのことになる。

11年のトピックスの一つに、後に団体にとって大きな意味をもたらすＩＷＧＰインターコンチネンタル王座（ＩＣ王座）の新設がある。同王座の新設はこの年の1月に明らかになった。新日本プロレスは5月に米国ニュージャージー、ニューヨーク、ペンシルベニアで主催興行を開催することを発表。現在では当たり前の光景となっている海外進出が本格的に始まったのはこのタイミングだった。「米国を始めとする海外マットにおいてのＩＷＧＰヘビー級王座への登龍門」というのがＩＣ王座の当初の位置付けとなっていたが、その価値は後のベルトホルダーによって大きく変化していくことになる。

初代王者決定トーナメントは5月の米国3大会にわたって行われた。エントリーしたのは元ＷＷＥ戦士のＭＶＰ、ダン・マフ、ジョシュ・ダニエルズの海外勢に、新日本からは矢野通、高橋裕二郎、内藤哲也、ヒデオ・サイトー、当時海外遠征中の岡田かずちかの8選手。決勝戦で矢野を破ったＭＶＰが初代王者に輝いた。

世界的な知名度を誇るＭＶＰがベルトを保持したまでは良かったが、そもそも当時は海外での新日本の興行数が圧倒的に少なかった。必然的に王座戦は国内興行で開催されていくことを余儀なくされ、設立当初の理念は早くも影をひそめていく。そんななかで10月10日両国大会ではＭＶＰからＺＥＲＯ1の田中将斗がベルトを奪い、第2代王者に輝いた。田中もまたＷＷＥのＥＣＷで実績を残した日本人レスラーだったが、防衛戦が新日本の国内大会に限定されたため、その知名度をフルに活用できたかと言えば疑問符は残る。それでも試合のクオリティは業界屈指の高さを誇っていたことから、タイトルとしての存在感は日に日に増していった。

ＩＣ王座は設立当初の理念こそ体現できなかったが、その価値は歴代王者たちの激闘が高めていくことになる。少なくとも11年時点においても、新日本プロレスの興行はタイトルマッチが増えたことによって厚みを増し、またＩＷＧＰヘビー級王座戦線以外でも話題を発信できるという新たな展開を生み出していった。新しいベルトの誕生によって、これまでスポットライトの当たらなかった選手同士の抗争もクローズアップされていく。そしてその〝渦〟は、後に本道のＩＷＧＰヘビー級王座戦線さえも脅かすまでになっていく。ＩＣ王座新設は、歴史的に見れば団体に大きな成功をもたらしたと言っていい。

「プロレスラー棚橋」の信念が実る

ＩＷＧＰヘビー級王者の棚橋は、11年においてまさに絶対的な存在だった。１月に小島から至宝奪還の大役を務めあげると、東日本大震災復興支援チャリティー大会「ＡＬＬ　ＴＯＧＥＴＨＥＲ」で、プロレス界の主役の一人として存在感を発揮。防衛ロードでも文句のない成績を残した。２月仙台大会で小島聡の挑戦を退けたのを皮切りに、４月後楽園大会で永田裕志、５月福岡大会で中邑真輔、同じく５月の米ニューヨーク大会でチャーリー・ハース、６月大阪大会で後藤洋央紀、７月札幌大会でジャイアント・バーナード、９月神戸大会でＧ１覇者として再び立ちはだかった中邑、10月両国大会で内藤哲也、11月大阪大会で矢野通をそれぞれ下して実に９度の防衛に成功した。

年内最後のビッグマッチとなった12月４日愛知県体育館大会で迎えた10度目の防衛戦。これは当時の同王座の連続防衛タイ記録がかかった試合だった。そしてその前に立ちはだかったのが、02年に最多防衛記録「10」を打ち立てた「ミスターＩＷＧＰ」永田裕志だった。

棚橋と永田はこれまで幾度となく団体のエースの座をかけて戦ってきた。最も苦しい時代とも言える暗黒期に身を挺して団体を守ってきた永田と、新しい時代を切り開くために身を粉にして戦ってきた棚橋には、通じ合うものがあった。雪崩式エクスプロイダー、バックドロップと永田の得意技を立て続けに浴びて窮地に追い込まれた棚橋は、裏投げからドラゴン・スープレックスで形勢逆転。永田も執念でコーナー上からのハイフライフローを阻止しようとアームブリーカーを狙ってきたが、棚橋は泥臭いまでのヘッドバットで振り落とす。ハイフライアタックからハイフライフローをサク裂させ、激闘に終止符を打った。

同じ岐阜県出身の名レスラー・橋本真也のＶ９を超え、最多タイ記録のＶ10を達成した。棚橋は「永田選手みたいな存在が新日本にいてくれて、俺はうれしいです」と対戦相手を称える一方で「今、チャンピオンは俺なんです。今の時代は俺がしっかり背負っていきます。プロレスラーになった時点で、チャンピオンになった時点で『新日本プロレスは俺が盛り上げていくんだ』って気持ちは最初からありましたんで。俺はこれからもプロレスをもっと盛り上げて、もっとクソ有名になって、プロレスを！　みんなが誇れるようにするんで、これからもよろしくお願いします」と王者としての風格を示した。

絶対王者として勝利を重ね、好勝負を連発した。棚橋という太陽を中心に動いていった新日本は、ビッグマッチでも超満員の光景が復活していく。この年の東京スポーツ新聞社制定プロレス大賞で、棚橋は審査員24人中23票という圧倒的な支持を集めて自身2度目のＭＶＰを獲得した。かつてのブーイングは、もうどの会場でも聞こえない。たゆまぬ努力を続け、誰もが認める存在となった棚橋はこの頃から「プロレスに関わる全ての人を幸せにしたい」という発言をするようになった。業界を背負う者としての使命感が芽生えていた。

そして棚橋は、翌12年1月4日東京ドーム大会で新日本の歴史に新たなページを刻む。〝侵略者〟鈴木みのるを迎え撃つと、対戦相手のゴッチ式パイルドライバーを浴びながらも3カウントは許さない。スリーパーホールドを脱出してスリングブレイドを決めると、ハイフライフロー2連発で3カウントを奪ってみせた。前人未到のＩＷＧＰヘビー級王座Ｖ11を達成。ドームのメインイベントという最高の舞台で新記録を打ち立てた棚橋は「自分で『１００年に一人の逸材』と言ったからには、それをこれからも証明します。ホントは試合前は震えるほど怖い気もしましたけど、俺は新日本プロレスでプロレスがしたくて、そして、その気持ちを一度たりとも曲げたことがなくて。本当に諦めずにこのリングでやってきてよかったです」と勝ち誇った。

その言葉を聞いて多くのファンが思い出したのが、武藤、小島ら選手退団騒動直後の02年2月1日札幌大会で起きた伝説の「猪木問答」だろう。この大会の第6試合終了直後、当時新日本プロレスのオーナーだったアントニオ猪木がリングに上がり、蝶野、永田、中西ら主力選手たちに一人ずつ「オメーは怒っているか?」と問いかけた。猪木と選手の噛み合わないやり取りが失笑を買ってしまい、迷走期の象徴的な出来事として語り継がれているが、このリングの上にデビュー2年あまりの棚橋もいた。格闘技路線に傾倒していた猪木に対し棚橋は「俺は新日本のリングでプロレスをやります!」と敢然と言い切った。そして猪木の代名詞であった「1、2、3、ダーッ!」をただ一人拒絶し、怒りの感情をあらわにした。

あの日から貫いてきた棚橋の信念は、決して間違っていなかった。「新日本プロレスでプロレスをする」。当たり前のようでなかなかできなかったことを、体を張ってやってきた。新日本プロレスの黄金期再来は、もうすぐそこまで近付いてきていた。

2012
(平成24年)

ブシロード新日本誕生！ブーム再来への大きな一歩を踏み出す

新日本プロレスを〝流行〟にするための果敢な試み

団体旗揚げ40周年となる2012年は新日本プロレスが大きな転機を迎える年となった。1月31日、ゲームソフト制作会社ユークスが、保持していた新日本の全株式を株式会社ブシロードに売却。これによりブシロードを親会社とした新体制が発足した。

1972年に創業した新日本は、2005年11月にアントニオ猪木がユークスに51・5％の株式を売却したことで同社の子会社に。新日本を暗黒時代から建て直すべく親会社としてサポートに徹してきた。

そのユークスから新日本の株式を譲渡されたブシロードは、07年に創業。カードゲームでヒット商品を連発するなど急速に成長してきた新興企業だった。木谷高明社長は大のプロレスファンとして知られ、11年の「G1　CLIMAX」では冠スポンサーとなっていた。そして同年8月に木谷社長はユークス・谷口行規社長に新日本の買収を打診する。

新日本の年間売上は1998年の約40億円をピークに、2011年も約11億円と低迷が続いていた。しかしリング上は棚橋弘至、中邑真輔らを中心に再び活性化しており、超満員の会場も増えてきていた。ブシロード・木谷社長には積極的に資金を投入することで、新日本を飛躍的に成長させる自信があった。

そしてそれだけの勢いがブシロードという企業にもあった。買収金額は5億円と言われている。約6年2カ月にわたって新日本を支えたユークスの功績は、団体の歴史を語る上でとてつもなく大きい。

1月31日の新体制発足会見は、全所属選手が出席して行われた。新日本の会長職に就任した木谷社長は「『露出を増やす』『いいものをより多くの人に見せていく』ということを、全力でやっていきたいと思っています。それと、選手一人一人もそれぞれの世界一を目指していただいて、会社全体としてもレスリングカンパニーとして世界一を目指す。僕は〝打倒WWE〟をしたいと思っていますので。凄く尊敬しているビンス・マクマホンに勝ちたいです！　団体として勝ちたいと思っています」と所信表明した。棚橋もユークスへの感謝を口にした上で「色々なメディアの露出というのが増えてきますんで。くしくも、今年、僕は『ジャンルを超える』という大きな目標を持っていましたので、いま注目度が上がっている新日本プロレスの中で闘いを見せていって、40周年目、新しいスタートを切りたいと思います」と宣言した。

この会見当日、新体制への移行情報をキャッチした東京スポーツは紙面で正式発表に先んじて「新日本身売り」と一面で大々的に報じた。この記事に対して木谷社長は「ネガティブな表現を使わないで欲しい」と発言した。ブシロード体制が重視したのは、メディア戦略である。かつてのアントニオ猪木が「世間」と戦ったように、これから新日本はまだプロレスを知らない人を取り込んでいく必要があった。その上でメディアによる露出の仕方は非常に大きな意味を持つことになると考えていた。

2月29日にブシロードが開催した新日本の「戦略発表会」は、その後恒例化し、ファンが団体の指針を知る機会として定着した。最初の戦略発表会で示された大きな柱の2つは「メディア戦略の強化」と「コンテンツを活用した二次収入の強化」だ。メディア戦略としては、ブシロードの商品CMにおける新日本所属レスラーの起用、BS朝日での60分番組『ワールドプロレスリング・リターンズ』の放送開始などが発表された。12年1月当時の新日本の試合は、地上波の深夜枠30分番組でしか放送されてなかった。しかしブシロード体制ではBS・CS放送でも番組放送が始まり、14年12月には自社動画配信サービスの「新日本プロレスワールド」を開局。Ａｂｅｍａ ＴＶでの配信、ＹｏｕＴｕｂｅ公式チャンネル設立など、メディアに露出するチャンネルを一気に拡大させた。二次収入の強化としてはカードゲーム「キング・オブ・プロレスリング」の発売が発表され、その後も会場での入場料「ゲート収入」に頼らない多様な収益を上げることに成功していく。

さらにブシロード体制は初年度に約3億円を投じるなど巨額な広告費で世間の目を新日本に向けた。ファンが目にする『週刊プロレス』に毎号見開き広告を打ったり、「Ｇ１ ＣＬＩＭＡＸ」前にはＪＲ山手線に出場選手の写真を使用したラッピング電車を走らせた。木谷社長がこだわったのは「流行っている感」をいかに演出するか。興味のない人を引き込み、いかにしてブームを作るのか。そのためにプロレスファン、プロレスファン以外それぞれが新日本を目にする機会を増やすことを行った。その戦略は奏功し、女性ファンも一気に増加。14年ごろからはプロレスファンの女性を差す「プ女子」なる言葉も浸透していく。

興行日程なども徹底的に効率化し、海外での人気が高まったのを見逃さずに海外戦略も推し進めた。リング上の充実と好循環が生まれ、ブシロード体制になってから新日本の年間売上は右肩上がり。18年度の売上高は過去最高の54億円を記録した。新日本の急激な成長は驚異的な「Ｖ字回復」として経済誌にもたびたび取り上げられるほどだった。まさしく12年は〝黄金期〟再来の第一歩となったのである。

オカダが「カネ」にこだわる理由

２０１２年は新日本、いや後のプロレス界を代表するスターが誕生した年でもあった。岡田かずちか、

2012年1月31日、明治記念館で新体制発表会見。カードゲーム開発会社の株式会社ブシロードが株式会社ユークスから株式100%を取得し、新日本を子会社化することを発表。旗揚げ40年目の筋目に団体は新たなスタートを切ることとなった

改め〝レインメーカー〟オカダ・カズチカが1月4日東京ドーム大会で凱旋帰国を果たしたのだ。

1987年11月生まれのオカダは中学校卒業後すぐにウルティモ・ドラゴン率いる「闘龍門」13期生として入門。ハードなトレーニングにも耐え抜き2004年8月にメキシコでデビューを果たす。16歳という若さでプロレスラーになると、07年8月に新日本に移籍した。この際にオカダは新弟子として道場に入門し、イチからトレーニングを積み直した。08年4月に再デビューを飾ると、191センチの上背と高い身体能力から将来を嘱望され、10年2月から米国へ武者修行に出ていた。

凱旋試合でオカダは、同じく海外遠征から帰って来た吉橋伸雄改めYOSHI-HASHIとシングルマッチで対戦。わずか4分37秒で必殺技の「レインメーカー」を決めて勝利を収めた。後にレインメーカーは短距離式のラリアットの形で定着するが、初披露の当時はネックブリーカードロップの形に近く、まだ発展途上だった。凱旋勝利を飾ったオカダは、何とメインイベントでIWGPヘビー級王座連続最多防衛記録となる「11」を打ち立てた棚橋弘至に挑戦表明する。

東京ドームのメインイベント後のリングは、オカダに容赦ないブーイングを浴びせた。年間最大興行で新記録を樹立した絶対王者とは対照的に、オカダは凱旋試合で絶大なインパクトを残せたとは言い難い。挑戦は〝時期尚早〟と見る向きが圧倒的だった。それでもオカダは「棚橋さん、最多防衛記録更新、おめでとうございます！　そして、お疲れさまでした。これからは逸材に代わってレインメーカーが新日本プロレスを引っ張っていきますので、お疲れさまでした」と堂々と言い放った。これに対して棚橋が「IWGPは遠いぞ」と返答したシーンは、多くのファンを引き付けた。中邑真輔率いるCHAOSに加入したオカダは翌5日に行われた棚橋の一夜明け会見に乱入。マネージャーの外道による「いつまで逃げてんだ。怖いのか」との挑発に王者が応じ、王座挑戦が正式決定した。とはいえコメントのほとんどを外道が発していたこともあってか、ファンはオカダの実力を認めてはいなかった。

下馬評は圧倒的不利。しかし2月12日の大阪府立体育会館大会で、オカダはＩＷＧＰ史に残るビッグアップセットを起こしてみせる。背中に棚橋のハイフライフローを浴びてしまったオカダだったが、トドメの一撃はヒザで迎撃して決めさせない。なおもドラゴン・スープレックス・ホールドで攻め立てられながらもスリングブレイドを回避すると、高度な読み合いから必殺のレインメーカーがサク裂。棚橋を半回転させる勢いで吹き飛ばし、３カウントを奪ってみせた。

11連続防衛中だった絶対王者にして11年度のＭＶＰから、一発でベルトを奪取した。24歳96日でのＩＷＧＰヘビー級王座戴冠は、中邑真輔の23歳２８８日に次ぐ史上２番目の年少記録だった。後に「レインメーカーショック」と呼ばれる大仕事をやってのけたオカダだが、試合後は泰然自若。「こっちは勝つのが当たり前だと思ってやってるんだから。うれしさ？　別にありません。当たり前なんでね。こんなんでうれしがってるレベルじゃないんで」とビッグマウスを連発すると、目指すべき王者像を問われても「特にありません」と不敵に言い放った。

「レインメーカー」の異名は「カネの雨を降らせる」という意味が込められている。その裏には秘める思いがあった。「あえてカネ、カネ、カネにこだわる理由は、プロレス人生のスタート地点にある。兄の影響で中学1年生時にプロレスにのめり込んだオカダは、中学校卒業と同時にウルティモ・ドラゴンが校長を務める闘龍門に入門。単身メキシコに渡った。野球と陸上以外の運動経験がなく現地でも最年少のオカダは、練習についていくのがやっとだった。苦難を乗り越え04年8月に16歳の若さでデビューまでこぎつけたが〝初任給〟はわずか50ペソ。当時のレートで約５００円のファイトマネーが1年も続いたという。『交通費込みなので会場まで片道10ペソかかって往復20ペソ。試合組んでもらった人に10ペソ払って、最後は20ペソしか残らないこともあった』（オカダ）。日給２００円はいくら何でも安すぎる…」（2月13日発行、東京スポーツ）。10代のころから海の向こうでハングリー精神を培ってきたオカダにとって、自身がプロレス界に「カネの雨を降らせる」と宣言することは、すなわち絶対に成りあがるのだという決意表明でもあった。そしてその言葉通り、オカダはこの後10年以上にもわたってプロレス界の中心人物として絶対的な存在感を発揮していくことになる――。

棚橋にとって新たなライバルの出現

新たなスターの誕生は、新日本マットをさらに活性化させた。オカダの初防衛戦の相手には、大阪大会で中邑真輔を撃破した内藤哲也が名乗りをあげた。棚橋に勝ったオカダと、中邑に勝った内藤によるＩＷＧＰヘビー級王座戦は３月４日の後楽園大会、旗揚げ40周年記念大会で行われた。この時、内藤29歳、オカダ24歳。20代の日本人選手同士のＩＷＧＰヘビー級戦は１９９５年２月の橋本真也vs天山広吉戦以来、実に17年ぶりのことで、それから今日に至るまで実現していない。この試合がいかに重要な意味を持っていたかを如実に示すデータだ。

内藤は２００５年11月の入門テストに合格し、06年にデビュー。プロレスラーになる前に大の新日本プロレスファンだった男は、その価値観が〝古臭い〟と分かっていながらも「生え抜き」であることに誇りを持っていた。07年８月にプレデビュー戦の相手を務めたオカダに先を越されたことへのジェラシーを隠そうともせず、かつオカダの原点が闘龍門だったことに敵意をむき出しにした。

しかし内藤を待ち受けていたのは、残酷な現実だった。一進一退の攻防から放った必殺のスターダスト・プレスをかわされてしまうと、フライング・フォアアームも回避されてバックを取られてしまう。最後はオカダの必殺レインメーカーに沈められた。内藤はこの年の６月に30歳を迎えようとしていた。かつて憧れた武藤敬司、棚橋弘至のように20代のうちにＩＷＧＰヘビー級王者になるという目標は、もろくも砕かれた。そして皮肉にも高いクオリティを誇ったこの試合はオカダの実力を改めて満天下に示

ブシロード体制に移行直後、2012年2・12大阪府立体育会館でオカダが棚橋を破り、IWGPヘビー級王座初挑戦にして初戴冠。この勝利をきっかけに、“レインメーカー”オカダは一躍ブシロード体制の新日本の顔に躍り出た

すこととなり、会場からは「オカダ」コールまで巻き起こった。内藤は『『器が小さい』『昭和みたいな考えだ』って言われるかもしれないよ。でも俺は新日本プロレスにこだわり、プライドを持っているんで。誰に何を言われようと俺は『生え抜き』のプライドを常に持ってリングに上がっているんで。(中略)別にオカダに文句つける気はない。俺は負けた。『生え抜き』じゃないオカダに負けた。それはしっかり現実受けとめますよ」と悔しさをあらわにした。この試合も含め、この先にも内藤には多くの試練が待ち構えていた。「内藤vsオカダ」が新日本プロレスの黄金カードとして定着していくことになるのは、もう少し先の話である。

オカダの台頭によって、エース・棚橋もまた新たに輝きを増していった。5月福岡大会で「NEW JAPAN CUP」覇者にしてIWGPインターコンチネンタル王者・後藤洋央紀の挑戦を退けたオカダに対し、棚橋は再戦を要求した。「IWGPは遠いぞ！　このベルト、欲しかったら力で奪って来い！」と、かつての自身のセリフで挑発された棚橋は、6月16日ボディメーカーコロシアム（大阪府立体育会館）大会でオカダに挑戦する。約4カ月前にベルトを失った地でのリマッチは、前戦以上のハイレベルな攻防が続いた。オカダのツームストーン・パイルドライバーを切り返してパイルドライバーを決めた棚橋は、レインメーカーもその場飛びのスリングブレイドで切り返す。最後はハイフライフローで3カウントを奪ってみせた。

この日の大会は2月の大会をさらに上回る6850人超満員札止め（主催者発表）の動員を記録した。凱旋帰国後初の黒星をオカダにつけ、王座返り咲きを果たした棚橋は「今日、俺が負けたら、完全にエース交代だったかもしれないですけど。プロレスは今日で終わりじゃないから。こんなにも多くのファンが…ずっと見ててくれた。大丈夫、プロレスは大丈夫です。このプロレスを、また熱い新日本プロレスを伝えていきます…エースですから」と男泣きした。かつて空席が目立った〝西の聖地〟が掛け値なしの超満員になった光景に、こみ上げるものがあったのだ。暗黒期から団体の再建に成功した棚橋は、オカダという新たなライバルの出現によって黄金時代の再来を確信したのかもしれない。ともあれカネの雨は一時的に止み、新日本のリング上には再び太陽が昇った。この試合は12年度のプロレス大賞ベストバウトに選出され、この後も棚橋とオカダの対戦は常に新日本の歴史を左右する戦いになっていく。

ベルトを取り戻した棚橋は7月1日の全日本プロレスとの合同興行（両国国技館）で真壁刀義、7月22日山形大会で田中将斗（ZERO1）の挑戦を退けて再び防衛ロードを突き進んでいく。これまで棚橋のライバルと言えば、真っ先に思い浮かぶのが中邑真輔であり、両者の戦いこそが新日本の暗黒期から立ち上がる原動力となっていた。そしてこの年を機に、11歳の年齢差があるオカダとの抗争によって、棚橋は新日本の中心でさらに存在感を増していくのだった。

反骨の王座インターコンチネンタル

IWGPヘビー級戦線が棚橋とオカダの争いになっていくなか、中邑真輔はまったくの別路線で己の存在を証明していく。この年の上半期、中邑は低迷していた。2月大阪大会では内藤に初黒星を喫し、春のトーナメント「NEW JAPAN CUP」ではカール・アンダーソンに敗れ2回戦で姿を消した。IWGPヘビー級戦線から大きく後退し、棚橋のライバルというポジションはオカダに奪われつつあった。そんな中邑が目をつけたのが、前年に新設されたばかりのIWGPインターコンチネンタル王座だった。

7月22日山形大会のセミファイナルで、中邑は後藤洋央紀を撃破して第4代王者に輝く。そしてその直後に、大胆不敵な要求を繰り出した。銅色のバックルが使用されていたベルトを一瞥すると「なんだコレは？　汚えなあ。10円玉か？　オイ。このデザインはIWGPの権威を落とすぜ？　新しいことをやらせろ。インターコンチネンタル、いまもう一つ（ベルトが）あるだろ？　ＩＷＧＰ、それよりも上だ。上の価値まで持っていく。ダメだ、こんな汚え10円玉みたいなのじゃ、１００円硬貨もらったほうがマシだぜ。作り直せ、オイ、新日本。価値を上げろって言ってんだよ！　分かったな？　調印式もねえんだ。ナメてんのはお前らの方だ！」と言い放った。

中邑は過去にＮＷＦヘビー級やＵ‐30のベルトを封印してきた。ＩＷＧＰ原理主義者として知られていただけに、インターコンチネンタル王座挑戦が決まった際には、一部ではこのベルトも封印するのではないかという声もあった。しかしここで中邑が下した決断は「ベルトは巻く人間によって価値が決まる」というプロレス界の格言に則って、最高峰王座ＩＷＧＰヘビー級を超えようという新たな挑戦だった。泥沼の5連敗を喫しているＩＷＧＰヘビー級戦線は今や、棚橋とオカダを中心に回っている。誰よりもＩＷＧＰヘビー級王座にこだわってきた中邑は、自分がそこから遠ざけられている雰囲気を敏感に感じ取っていた。だからこそ、その反骨心を新たに手に入れたベルトに落とし込むことを決意した。

要求が認められ、インターコンチネンタルのベルトは白を基調としたデザインに新調された。中邑の初防衛戦は8月26日（日本時間27日）にアメリカ・カリフォルニア州グレドリーで行われ、オリバー・ジョンをボマイェで一蹴した。「海外マットにおいてのＩＷＧＰヘビー級王座への登竜門」というそもそものインターコンチネンタル王座新設の理念には一致する防衛戦ではあったものの、当の王者にその意志はない。登竜門どころか、本家を超えてやるという強い決意とともに、中邑とインターコンチネンタル王座は新たなスタートを切った。米国の田舎町の特設会場は、再出発の地としてはある意味で〝もってこい〟だった。

当時のインターコンチネンタル王座の位置付けは、ビッグマッチのセミファイナルで防衛戦が行われることが多かった。本道はあくまでＩＷＧＰヘビー級戦であり、インターコンチネンタルはタイトルマッ

IWGPインターコンチネンタル王者・中邑がベルトを新調し、“白いベルト”をアメリカ遠征で初披露（2012年8・26アメリカ・カリフォルニア州グレドリー・ビューツ・カウンティフェア特設会場）

チを増やすことで興行に厚みを持たせる意味合いが強かった。そしてそれゆえに、自由度の高いベルトでもあった。階級が定められているわけでもないため、対戦相手から試合のスタイルまで、選択の幅はＩＷＧＰヘビー級よりもはるかに広い。中邑は10月8日両国大会で前王者・後藤洋央紀のリマッチを返り討ちにすると、11月11日の大阪・ボディメーカーコロシアム大会ではカール・アンダーソンを相手に3度目の防衛に成功し、絶対王者としての階段を駆け上がっていく。本道から逸れたエリートは、団体、そしてファンに刺激を与えるカリスマへと変貌を遂げていった。

オカダ、恐るべし

6月にＩＷＧＰヘビー級のベルトを棚橋に奪われたオカダだったが、勢いは止まらなかった。7月1日両国国技館で行われた全日本プロレスとの合同興行では中邑とのタッグで諏訪魔&近藤修司組と対戦。闘龍門の先輩にあたる近藤をレインメーカーで沈め、対他団体においても強さを見せつける。そして8月に行われた「Ｇ1　ＣＬＩＭＡＸ」の舞台で、本物の実力を改めて証明する。5日大阪大会で実現したＣＨＡＯＳのリーダー・中邑との注目の公式戦にこそ敗れたものの、5勝3敗でＢブロックを1位突破。12日両国国技館大会でカール・アンダーソンとの優勝決定戦に臨んだ。史上初の外国人制覇を狙うアンダーソンは、かつての盟友ジャイアント・バーナードのバーナードライバーも投入して猛攻を仕掛けてくる。それでもオカダはガンスタンをことごとく回避すると、すっかり代名詞になった打点の高いドロップキックからツームストーン・パイルドライバーで一気に逆転。最後はレインメーカーで頂点を勝ち取った。

開幕に先駆けて行った公開練習では、国立競技場を貸し切って50メートル走を敢行した。その際に真っ赤なフェラーリで登場するなど、ニュースターとして話題を提供した。そして終わってみれば初出場初優勝に加え24歳9カ月という史上最年少でのG1制覇という記録を樹立。リング上でオカダは「特にありません…と言いたいところだがな。お前ら、本物のレベルってのが分かったか？　いいか、この俺がプロレス界の中心となって、まだまだカネの雨を降らせてやるからな。いいか、俺から目を離すな！」と高らかに宣言した。

そしてオカダのG1制覇によって、新日本の歴史にまたしても新たな1ページが生まれる。マネージャーの外道は「レインメーカーの所持物であるIWGPを返してもらうからよ。ただよ、レインメーカーにふさわしい場所で返してもらうからな。2013年1月4日、東京ドームのメインイベントを用意しろ」と、すぐにIWGPヘビー級王者の棚橋に挑戦せず、年間最大興行を決戦の舞台に指定。一夜明け会見では「東京ドームのメインで、レインメーカーがIWGPのベルトを取り返す試合を組みますよっていう書面を作ってもらいたい」と要求した。これを受けて新日本は「東京ドーム・IWGPヘビー級王座挑戦権利証」を作り、その代わりに年内はこの権利証をかけた防衛戦を保持者に義務付けた。こうして誕生した「権利証システム」は、IWGPヘビー級王者によるG1制覇が成し遂げられていないという事実もあって、今日まで連綿と続いている。年間最大興行である東京ドーム大会で、IWGPヘビー級王者とG1覇者による頂上決戦が実現する流れは、オカダが優勝した12年から始まったのだ。

そしてオカダは義務付けられた「権利証争奪戦」を次々とクリアしていった。10月8日両国大会ではアンダーソンを、11月11日大阪ボディメーカーコロシアム大会では後藤洋央紀をそれぞれ下し、自身初となる東京ドームのメイン出場を確定させた。同じ大会で高橋裕二郎を下し5度目の防衛に成功した棚橋弘至の前に立ったオカダは「棚橋さん！　お疲れさまでした。2013年1月4日東京ドーム大会で、あなたの時代は終わりです。これからは！　逸材に代わって、レインメーカーが新日本プロレスを引っ張っていきますので、お疲れさまでした」と、1月の東京ドームで繰り出した言葉を自ら引用して宣戦布告した。

少なくともリング上では、たった1年でオカダは棚橋と同等に近いポジションを築いてしまったのだから、恐るべしとしか言いようがない。12年度のプロレス大賞では文句なしのMVPとベストバウト(6月16日大阪、棚橋戦）の2冠を獲得した。25歳でのMVP受賞は、1982年の初代タイガーマスクに並ぶ史上最年少記録。まさしく新時代の扉を開いた1年となった。

桜庭、柴田…「格闘家」を引き寄せる

内外で好循環の起きる新日本のリングは磁力を帯びてきていた。「G1 CLIMAX」最終戦となった8月12日には、なんと柴田勝頼と桜庭和志が電撃登場し参戦を表明する。リング上のマイクを握った柴田は「お久しぶりです！　元新日本プロレスの柴田です。ケンカ、売りに来ました。最高のパートナーと！」と桜庭を紹介。桜庭も「僕はあんまりケンカは好きじゃないんですけど、ここのリングが気になって、どうしてもここのリングで試合がしたいので、よろしくお願いします！」と直訴した。

レスラーとレフェリーとして活躍した柴田勝久を父に持つ柴田は、1998年に新日本に入門。実力を高く評価され、04年からは棚橋弘至、中邑真輔とともに「新・闘魂三銃士」とも評された。しかし05年1月に新日本を退団。当時を「辞めることが新日本だと思った」と回顧している。その後はビッグマウス、ビッグマウスラウド、NOAHのリングを経て07年3月から総合格闘技に参戦した。同年9月に「HERO'S　ミドル級世界王者決定トーナメント」で桜庭に敗北。09年9月に師匠の船木誠勝がプロレス復帰すると、桜庭に師事するようになる。11年大みそかには5年ぶりにプロレス復帰を果たし、桜庭とのコンビでIGFの鈴川真一&澤田敦士組に勝利を収めていた。

一方の桜庭は押しも押されもせぬ総合格闘技界のパイオニアだ。UWFインターナショナル、キング

勢いに乗るオカダがカール・アンダーソンを破り、史上最年少でG1初出場初優勝を達成（2012年8・12両国国技館）

ダムを経てPRIDEに参戦。カーロス・ニュートン、ビクトー・ベウフォートら世界の強豪を相手に連勝街道を突き進むと、99年11月の「PRIDE．8」（有明コロシアム）で当時不敗神話を誇っていたグレイシー一族のホイラー・グレイシーをチキンウイング・アームロックで撃破。00年5月に「PRIDE　GRANDPRIX　2000」（東京ドーム）の2回戦でホイス・グレイシーを90分（15分×6R）の死闘の末に破った試合は語り草となっている。その後もヘンゾ、ハイアンを立て続けに破った桜庭は「グレイシーハンター」の異名も取り、PRIDEのエースとして活躍した。その後はHERO'S、DREAMを主戦場に戦ったが、12年5月にFEGが破産。プロレスのリングに活躍の場を求めることになった。

柴田と桜庭はタッグチームとして12年下半期の新日本で暴れまわった。9月23日神戸ワールド記念ホール大会に登場すると、井上亘&高橋広夢（現・高橋ヒロム）組と対戦。柴田が高橋をPKで沈めて貫禄勝利を収めた。柴田は「新日本というものがこれでいいのかな？　っていうものはありますけど。『?・』マークだらけですよ。見れば分かるでしょ？　分からないですか？・」と古巣に対して痛烈な言葉を浴びせた。2人は続く10月8日両国国技館大会でも真壁刀義&井上組を圧倒。柴田が同期入門の井上から3カウントを奪ってみせた。

11月11日大阪大会でも同じく真壁&井上組に完勝すると、桜庭に熱烈な〝ラブコール〟が届く。その声の主はIWGPインターコンチネンタル王者・中邑真輔だった。中邑から挑戦者として指名を受けた桜庭はこれを受諾し、翌年1月4日東京ドーム大会での刺激的なタイトルマッチが決定する。さらに柴田には真壁が一騎打ちを要求。最強の外敵タッグチームは、シングルプレーヤーとして大一番を迎えることになる。

桜庭と柴田の新日本参戦について当時は賛否両論だったが、歴史的に見れば意義深いものだった。

2000年代前半の新日本は総合格闘技ブームに押され、また所属選手たちがMMAルールで手痛い敗北を喫していたことからアレルギーが少なからずあった。そこから一線を画し、ジャンルとしての成熟度を高めることで新日本は人気を復活させたが、そこへビッグネームの桜庭とプロレス復帰が待望されていた柴田が踏み込んできた。2人と前後して曙、ボブ・サップといった人気格闘家も新日本のリングに上がっており、ある意味でプロレスと総合格闘技の人気逆転を印象付けた。またファンにとっても新しい刺激となった。特に柴田はプロレスで再び輝きを取り戻し、後に新日本の中心選手の一人へとなっていく。

12年のトピックの一つとして、NEVER無差別級王座の新設が挙げられる。「NEVER」は若手選手の育成を目的としたプロジェクトとして10年にスタート。他団体にも門戸を開放し、本隊の興行とは違った興行として開催されていた。

そのNEVERがリニューアルされることが10月5日に発表され、同ブランドの「顔」となっていた内藤哲也が発案者として「NEVER無差別級王座」の新設が決定した。11月15日～19日にわたって初代王者決定トーナメントが行われることになったのだが、ここで事件が起きる。同年の「G1 CLIMAX」で右ヒザ前十字靭帯断裂の大ケガを負っていた内藤が、10月8日両国大会を最後に長期欠場に突入した。

直前で主役を失ったトーナメントには、高橋広夢ら若手に加えてK-DOJOら他団体勢、無差別級という特性からKUSHIDA、田口隆祐らジュニア勢に加え、田中将斗（ZERO1）や石井智宏といったベテラン勢まで名を連ねた。こうなるとキャリアのある選手が断然有利だ。最終的に優勝決定戦は田中とカール・アンダーソンという、もはや若手育成の色はどこにもない組み合わせとなり、田中が初代王者に輝いた。

同王座の当初のイメージとしてはかつて存在した「U－30」のようなものを思い浮かべたファンも多かったはずだ。しかし実績豊富な他団体のベテランが初代王者となったことで、ＮＥＶＥＲの方向性は大きく変わっていく。インターコンチネンタルの項でも触れたが「ベルトは誰が巻くかによって価値が変わる」のだ。田中はもちろんのこと、後に石井、柴田勝頼らがファンの印象に残る無骨なファイトを繰り広げたことで、ＮＥＶＥＲは独自のカラーを帯びていき、次第に新日本の興行に欠かせないベルトになっていった

2章

ブシロード新日本のV字回復劇

2013年～2017年

2013
（平成25年）

新日本のV字回復が始まった！オカダvs棚橋のライバル対決が激化

ブシロード体制初の「1・4」で棚橋、中邑が底力を見せつける

2013年1月4日東京ドーム大会は、全日本プロレス全面協力のもとで行われた07年大会以来、6年ぶりにダブルメインイベントが採用された。ただしダブルメインの1つに全日本管轄の三冠ヘビー級選手権が据えられた6年前と、状況は大きく異なる。この年のドームの目玉にラインナップされたのは王者・棚橋弘至と挑戦者・オカダ・カズチカによるIWGPヘビー級選手権と、王者・中邑真輔と挑戦者・桜庭和志によるIWGPインターコンチネンタル選手権。桜庭こそ外敵の存在だが、新日本が〝自前〟のカードで2本の大きな柱を立てることに成功した意義は大きい。

先に行われたインターコンチネンタル王座戦は、総合格闘技の経験がある両雄による、緊迫感溢れる攻防が展開された。総合格闘技の実績においては桜庭が圧倒的に上回る。しかしプロレスという土俵においては、中邑の経験値が断然上だ。そして異質なキャリアによって積み上げられてきた中邑の技術は、桜庭というレジェンド格闘家のプロレスキャリアにおける代表作とも言える名勝負を作り出した。タックルにカウンターのヒザを浴びるなど劣勢が続いた中邑は、ボマイェをかわされるとバックを取られてサクラバロックの体勢に捕獲される。しかしこれを強引に持ち上げるとランドスライドを発射。なおも

ブシロード体制初の「1・4東京ドーム」で棚橋が新たなライバルのオカダを破りIWGPヘビー級王座防衛（2013年）

粘る桜庭は腕ひしぎ十字固めを狙うが、中邑はこれを脱出すると仰向け状態の相手の顔面にボマイェを叩き込む。最後は正面からトドメのボマイェをサク裂させて3カウントを奪ってみせた。

試合後のリング上で中邑は「イヤァオ！」と3度叫んだ。中邑が感情を爆発させる際に叫ぶこの言葉は、なんともアバンギャルドな響きからファンの心を掴み、次第に代名詞として定着していく。稀代のIQレスラーのポテンシャルをプロレスのリングで引き出した中邑は、バックステージで充実の表情を浮かべた。「よく分かってないヤツが『総合対プロレス』みたいに…オイオイ、桜庭和志はプロレスラーとして、どのリングにも上がってきただろ？　これはまさしく『プロレス対プロレス』だって。今日でかなりの〝売名行為〟になったんじゃないの？　世界に向けて、着々と、この価値を上げていくよ。今日の試合、他の誰にもできないだろ？　メインにすら。どんな試合でも、このベルトかけて俺はやっていくぜ、以上」。IWGPヘビー級王座とは一線を画した、中邑のプロレス人生を投影するかのようなインターコンチネンタル王座の独自路線は、ここからファンの熱狂的な支持を得るようになっていく。

そして大会の大トリを飾ったIWGPヘビー級王者・棚橋とG1覇者・オカダの一戦は、文字通り団体の頂上決戦だ。前年2月大阪大会ではオカダが、同6月のリマッチでは棚橋がそれぞれ勝利。オカダの凱旋帰国以降に限れば両者の戦績は1勝1敗。互いに手の内を知り尽くすラバーマッチは、手に汗握る展開の連続となった。

ハイフライフローをカウント2で返されるなど、オカダの執念に苦戦を強いられた棚橋は、試合時間30分を経過すると怒とうの猛攻にさらされた。背後からのドロップキックを浴びると、ツームストーン・パイルドライバーでマットに突き刺される。それでも棚橋はレインメーカーだけは回避すると、掟破りのツームストーン・パイルドライバーで形勢逆転。ボディアタック式ハイフライフローから正調ハイフライフローを決め、33分34秒の死闘を制してみせた。

オカダによる新時代到来を阻止した棚橋はリング上で「時代は変えるものじゃなくて、時代は動かしていくものだと俺は思ってます。だからもうちょっとだけ、棚橋王者時代にお付き合いください」と言い切った。「今回は東京ドーム（のメインを）経験している分、俺の方が有利だった。オカダが『時代』という言葉を出して、時代を変えていくんだってことを言ったけど、プロレスってさ、一人じゃできないし。例えば今日だったら、オカダと俺の試合で時代を動かしていく。そういう意味のある試合でした」。

前年に彗星のように現れ、一気にプロレス界のトップに上り詰めたオカダによって、新日本は新しいフェーズに突入した。しかしどんなに卓越したレスラーであってもたった一人で全てを変えることはできない。棚橋は、プロレスという競技は対戦相手がいて初めて成り立つことを強調した上で、団体として、そしてチームとして新日本をさらに上のステージに連れて行くことを宣言した。

ブシロード体制初となったこの年の東京ドーム大会は、前年を大きく上回る観客を動員し、1年間やってきたことが間違いでなかったことを証明した。この年から有料入場者数の発表に切り替わったことで2万9000人（主催者発表）と数字上でこそ前年を下回ったものの、団体のV字回復が始まっていることは会場の光景からも明らかだった。大会総括を求められた菅林直樹社長は「まだ（空いている）席が、ライトポール、レフトポールの方にありますので。そこまでびっしり入って初めて『新日本プロレスが復活した』『黄金期に入った』ということですので、それは来年の課題ということで、今年1年頑張りたいと思います」と、力強く言い切った。

レベルが違う「オカダvs棚橋」

東京ドームの大舞台で棚橋に敗れたオカダは、続く2月10日広島サンプラザホール大会でも鈴木みのるとのシングル初対戦で敗北を喫し、13年はまさかの2連敗からスタートとなった。前年に憎らしいまでの強さを誇ったレインメーカーにも「2年目のジンクス」があるのか…しかし当の本人は強気の姿勢を崩さなかった。そしてその通り、復活まで時間はかからなかった。

前年はＩＷＧＰヘビー級王座を保持していたため不参戦だった3月の「ＮＥＷ　ＪＡＰＡＮ　ＣＵＰ」に初出場したオカダは、1回戦でランス・アーチャーを、2回戦でカール・アンダーソンを下し勝ち進む。迎えた3月23日後楽園ホール大会、準決勝で矢野通とのＣＨＡＯＳ同門対決を制したオカダは、決勝戦で後藤洋央紀と激突。昇天・改を回避して後頭部へのドロップキックを決めると、ツームストーン・パイルドライバーからのレインメーカーで3カウントを奪ってみせた。

初出場初優勝を成し遂げたオカダは、4月7日両国国技館大会でのＩＷＧＰヘビー級王座挑戦権を獲得。またしても棚橋の前に立つことになった。「棚橋さん、確かに1月4日東京ドームであなたに負けました。でも！　あなたは分かってるはずです。あれがミラクルだったということを。両国でそれをしっかり証明しますんで。棚橋さん、お疲れさまでした」と、「疲れない男」棚橋にお決まりの挑発をして宣戦布告した。ドームでの敗戦からわずか3カ月での再戦にも「あのチャンピオンの前に立てるのは、俺しかいなかったというだけじゃないですか？　それだけ僕がズバ抜けているんでしょう。だから別にスパンは気にしていないです」と堂々言ってのけた。

そして迎えた両国大会、両者にとって4度目のＩＷＧＰヘビー級王座戦。棚橋のハイフライフローを両ヒザでブロックしたオカダは、後頭部へのドロップキックで形勢逆転に成功する。棚橋が繰り出そうとした掟破りのツームストーン・パイルドライバーを脱出すると、自身がツームストーン弾を発射。最後はレインメーカーで31分41秒の激闘を制した。短期間のスパンで最高峰王座で激突してきた両雄の攻防は、回を重ねるごとに洗練されていく。その高いクオリティは他の追随を許さないレベルに近付きつつあり、オカダと棚橋の〝2強時代〟が現実味を帯びてくる。

2013年4・7両国国技館でオカダは棚橋を下しIWGPヘビー級王者に返り咲いた

2度目のIWGPヘビー級王座戴冠を果たしたオカダは、5月3日福岡国際センター大会で鈴木みのるへのリベンジに成功して初防衛。6月22日の大阪・ボディメーカーコロシアム大会では真壁刀義の挑戦を退けて2度目の防衛に成功した。タイプの違うレスラーを相手にも安定感のある戦いを見せるオカダは、25歳の若さにして早くも盤石の政権を築き始める。その強さは圧倒的で、新日本の未来は安泰だと誰もが思い始めていた。

この項で先に書いてしまうがこの年のオカダは、2年連続で東京スポーツ新聞社制定プロレス大賞MVPを獲得する。同賞の連続受賞は1986年と87年に受賞した天龍源一郎以来25年ぶり。過去の達成者もアントニオ猪木、ジャンボ鶴田、天龍の超ビッグネーム3人のみという快挙だった。受賞会見でオカダは「当たり前の結果」とうそぶくと「アントニオ猪木選手、ジャンボ鶴田選手、天龍源一郎選手、その3人には僕と同じ時代じゃなくてよかったな、と(思ってほしい)。同じ時代だったら、その3人にはそんな記録は出来ていないと思いますので。僕よりもだいぶ前の時代に、そういう記録が作れたことを、僕に感謝してもらいたいですね」と神をも恐れぬ大胆発言を繰り出した。そしてこの発言は後に、日本のプロレス史に残る壮大なドラマへと繋がっていく――。

日本発の人気ユニット「バレットクラブ」

13年の新日本マットには、これまでの勢力図を一変させるユニットが誕生した。外国人ヒール集団「バレットクラブ」である。発端は本隊の一員として活躍していたIWGPジュニアヘビー級王者プリンス・デヴィットの変貌ぶりにあった。3月3日後楽園ホール大会でIWGPヘビー級王者の棚橋弘至とのスペシャルシングルマッチに敗れたのを機に、SNSなどで過激な発言が目立っていく。そして4月7日両国国技館大会で事件が起きる。田口隆祐とのタッグチーム「Apollo 55」でIWGPジュニアタッグ王者のKUSHIDA&アレックス・シェリー組に挑戦したが敗北。試合後のリングで田口を急襲すると、チームの解散を宣言する。そして〝バウンサー（用心棒）〟のバッドラック・ファレと結託して自らは「リアル・ロックンローラ」を名乗った。

さらに5月3日福岡国際センター大会では、カール・アンダーソン、タマ・トンガとも合流し正式に「バレットクラブ」を結成する。デヴィットは「俺たちは、新日本を新しいステージに連れて行く。俺たちは最高にデンジャラスで、日本中をリアル・ロックンローラの渦に巻き込んで行くぞ」と、悪の道へ突き進むことを宣言した。外国人選手のみのユニットは新日本に新しい風と、危険な空気を同時に送り込んだ。

バレットクラブは結成から間もなくして快進撃を始める。ジュニア王者として6月の「ベスト・オブ・ザ・スーパージュニア」に出場したデヴィットは、メンバー3人の介入を駆使して連戦連勝。6月9日後楽園大会で迎えた優勝決定戦でアレックス・シェリーをラフ殺法の末に下し、史上2人目の全勝優勝を成し遂げた。またIWGPジュニアヘビー級王者としての制覇も史上3人目という快挙だったが、やりたい放題のバレットクラブを祝福する会場の声はなかった。優勝者インタビューでもアナウンサーを袋叩きにしてリング上から追い出したデヴィットは「俺がベストだと証明できた。次はヘビー級のタイトルも総ナメにしてやる。ベスト・オブ・ザ・スーパージュニアで全員を倒した。次の対戦相手は決まっている。棚橋だ」と、ヘビー級侵攻を宣言。ついでにバックステージで記者にビールを無理やり一気飲みさせた。

勢いが止まらないデヴィットは、6月22日大阪大会でまたもセコンドを介入させて棚橋へのリベンジに成功。ついにIWGPヘビー級王者オカダ・カズチカの元へとたどり着く。7月20日秋田市立体育館大会での王座戦でオカダに敗れヘビー級のベルトを手にすることができなかったものの、8月には「G

1　CLIMAX」初出場も果たし、階級の枠を超えたトップレスラーの仲間入りを果たす。

バレットクラブ結成後のデヴィットは悪の限りを尽くしたが、端正なルックスと卓越したプロレスセンスで高い人気を誇った。翌14年4月に新日本を退団し、米国・WWEに移籍するとそのポテンシャルはさらに開花。世界的なビッグスターにまで上り詰める。そんなデヴィットの原点にあるのは伝統の新日本・野毛道場で過ごした日々だ。06年4月に入門し、ヤングライオンとして再デビュー。日本でイチから積み直したキャリアが、デヴィットのプロレス人生にとって大きな意味を持ったことは間違いない。

バレットクラブは後に海外でスーパースターになる外国人選手を多数輩出し、スタイリッシュなTシャツが海外でも人気を博したため一躍世界的な存在となった。1990年代にはnWoが日本に輸入されて一世を風靡したが、日本で誕生したユニットが海外でブレイクしたのは初めてのケースで、プロレス史においても画期的なユニットとなっていった。

険しい「主役への道」。G1覇者・内藤の苦悩

未来の新日本の主役を担うべき男、内藤哲也も戦線復帰を果たす。右ヒザ前十字靭帯断裂の大ケガによって前年10月両国大会を最後に長期欠場に突入していた内藤は、31歳の誕生日を迎えた6月22日大阪大会で約8カ月ぶりの復帰戦に臨んだ。対戦相手は欠場前最後の試合で右ヒザを完全破壊された、因縁の相手・高橋裕二郎だった。スターダスト・プレスで復活勝利を飾った内藤は「凡戦ですよ」と試合内容を自嘲しながらも「まだこんなもんじゃないんで。内藤を待っててよかった、やっぱ新日本の顔は内藤だよねと言ってもらえるように、お客さんが満足する試合をどんどんやっていきたいと思います」と、トップ戦線返り咲きを誓った。

復帰後の内藤の最初の狙いは、王座新設を提唱しながら負傷により前年の初代王者決定トーナメント

を欠場したNEVER無差別級王座だった。7月20日秋田大会で王者・田中将斗（ZERO1）に挑戦した内藤は、スライディングDに沈み返り討ちにあう。完調にはまだ時間がかかるのかと思われたが、翌月の「G1 CLIMAX」で鮮やかな復活劇を見せる。

内藤がエントリーしたこの年のG1のBブロックは、史上稀に見る大混戦が展開された。ブロック内10選手のうち、何と6選手が5勝4敗の勝ち点10で並んだのだ。そして内藤は勝ち点で並んだ中邑真輔、永田裕志、鈴木みのる、カール・アンダーソン、シェルトン・X・ベンジャミンの5人全員との直接対決を制していることから、まさに紙一重での1位通過が決定した。優勝決定戦の相手は、かつて憧れた棚橋弘至だった。古傷のヒザを徹底的に攻められ苦戦を強いられた内藤だったが、ハイフライフローにそのヒザを突き立てる捨て身の反撃。掟破りのスリングブレイドで意表を突くとドラゴン・スープレックス、グロリアと怒とうの猛攻を見せる。最後は必殺のスターダスト・プレスで悲願のG1初制覇を成し遂げた。

手術による長期欠場、孤独なリハビリを耐えてリングに戻り、ついにビッグタイトルを手に入れた。内藤は試合後のリング上で「どんな夢でも、諦めなければ可能性はゼロじゃない。諦めなければ、道が自然とできていくと俺は思います。俺の夢は！　新日本プロレスの主役になること。簡単な道じゃない。険しい。『やっぱり無理だろう』と思うでしょ？　だからこそ俺は、チャレンジしたい。だからこそ俺は、チャレンジしたい。だからこそ諦めずに、夢を追い続けたい。誰に何を言われてもかまわない、俺の夢は変わらない。新日本プロレスの主役は、俺だ！」と高らかに宣言した。

しかし「主役への道」は、想像以上に険しかった。後年の本人の言葉を借りるならば、内藤は「G1というこれ以上ないジャンプ台を踏み外してしまった」。要因はいくつもある。まずは大混戦を制してのリーグ戦制覇の過程として、公式戦で4敗も喫したことで「強さ」を印象付けられなかったこと。さらに間の悪いことに、前年の覇者がオカダ・カズチカだったのもマイナスに作用した。24歳でIWGPヘビー級王座を取り、G1でも初出場初優勝を果たしたオカダによって、ニューヒーロー誕生を望むファン心理はすでに満たされていた。そのわずか1年後に後を追う先輩・内藤の姿は、スケール感で物足りなささえ感じさせたのだ。そして翌年1月4日東京ドーム大会でのIWGPヘビー級王座挑戦権利証を獲得した内藤は、下半期の争奪戦でインパクトを残すことができなかった。

内藤はまず9月29日神戸ワールド記念ホール大会で権利証をかけてNEVER無差別級王者の田中に挑戦した。G1前に手痛い敗北を喫していた相手に雪辱を果たし、第2代NEVER王者にも輝いたが、本人もファンも納得のいく試合内容ではなかった。10月14日両国大会では裕二郎、11月9日大阪・ボディメーカーコロシアム大会で再び田中と争奪戦を行い、それぞれ勝利。晴れて東京ドームでのIWGPヘビー級王座挑戦を確定させるのだが、すでに上半期に戦ったばかりの相手と争奪戦を繰り広げてもファンの支持率が上がってこないのは自明だった。

大阪大会のメインでカール・アンダーソンとのV6戦をクリアし、東京ドームに駒を進めたオカダの元に内藤が姿を現すと、会場からはブーイングが巻き起こった。オカダからも「内藤さん、IWGPヘビーがあなたの夢、そんなの俺はどうでもいいですよ。そんなこと知ったこっちゃないですよ。そのあなたの夢、東京ドームでそのまま夢で終わらせてあげますよ」と痛烈な言葉を浴びせられた。内藤の心は折れる寸前だった。「1年9カ月ぶりに対峙したら、その期間をずっとトップ戦線で戦ってきたオカダがすごく大きく見えてしまって。オカダは凱旋してから実力で周囲を納得させて、お客さまを味方に付けている。対する俺はそれができていないわけで。こんなに不安を抱えてベルトに挑戦するシチュエーションもなかったし、俺とオカダのあいだで心理的に一番差があった時かもしれないです」（『トランキーロ　内藤哲也自伝　EPISODIO 2』）。

内藤が優勝決定戦で棚橋を下し念願のG1初制覇（2013年8・11両国国技館）。しかし、新日本トップへの階段を一気に駆け上がることはできず

結果は出ているはずなのに思うように波に乗れず、苦悩の日々が続いた。こんなはずではなかった。しかし内藤の試練はまだまだこれだけで終わらなかった。夢だった東京ドームのメインイベントを目前にして、屈辱的な出来事が待っていたのである——。

中邑なりの〝IWGPヘビー超え〟

ＩＷＧＰヘビー級王座戦線、「Ｇ１　ＣＬＩＭＡＸ」といった新日本の中心軸から離れた場所で、ＩＷＧＰインターコンチネンタル王者の中邑真輔は着実に新たな価値観を築いていた。桜庭和志との激闘の後は、外国人選手、他団体所属選手、フリーランスの選手と自由度の高い防衛ロードを突き進む。1月19日後楽園大会ではラ・ソンブラ、3月3日後楽園大会ではランス・アーチャー、4月7日両国国技館大会ではデイビーボーイ・スミスJr.、5月3日福岡国際センター大会ではシェルトン・Ｘ・ベンジャミンをそれぞれ撃破。5月31日のメキシコ遠征でＣＭＬＬのラ・ソンブラに敗れベルトを一時失うが、7月20日秋田大会でのリマッチで奪回に成功すると、9月29日神戸大会ではまたもベンジャミンを返り討ちにしてみせる。10月14日両国国技館大会ではＮＯＡＨの丸藤正道、11月9日の大阪ボディメーカーコロシアム大会では鈴木みのると、ＩＷＧＰヘビー戦線とは一線を画した幅広い戦いを披露しファンの支持を集めた。

そして中邑は、鈴木を下した大阪のリング上で爆弾を投下する。「インターコンチを巻いてこんなこまで来ちゃった〜。輝いてるだろ？　このベルトは。だけどほんの少し…あとちょっとだけ光が欲しいな。とーっておきのカード、引いちゃおうかな…。た〜な〜は〜し〜！　棚橋！　棚橋！　棚橋！」と、終生のライバルである棚橋を次期挑戦者に指名したのだ。

棚橋はこの直前の10月両国大会でオカダ・カズチカの持つＩＷＧＰヘビー級王座に挑戦失敗し、同王座からの無期限撤退を宣言していた。棚橋とオカダはこの年だけで3回、前年を合わせると5回もIWGPヘビー級王座戦を戦っており、いかに実力が突出した両雄と言えど王座戦線で同じ対戦カードが続くと〝マンネリ化〟は避けられなかった。そこで両者が申し合わせたかのように、敗者が王座戦線から一時撤退する条件で、両国決戦を戦ったのだ。大一番に敗れた棚橋は、目標を見失っていた。この状況を中邑は最大限に利用して大きな話題を作ろうと思ったのだ。

前年を境に、完全に別路線にシフトチェンジされたと思われていた中邑と棚橋の邂逅は、ファンから大きな期待を集めた。棚橋も「久しぶり。中邑！　中邑！　中邑！　俺の答えはもちろん！　…決まってるぜ」中邑の指名を受諾し、翌年1月4日東京ドームでの王座戦が決定した。05年と09年の東京ドーム大会のメインを飾り、暗黒時代の新日本を救った黄金カード「中邑vs棚橋」のシングルマッチが実現するのは、実に2年4カ月ぶりのことだった。

本来であれば東京ドームのメインイベントは、団体の最高峰王座であるIWGPヘビー級王座戦が務めるべきだ。しかしインターコンチネンタル王座戦でもう1つのビッグカードが生まれたことで、新日本は異例の措置を取る。当時の手塚要社長は「IWGP王者対G1王者、これはまぎれもなく最高峰を決める戦いです。ただ、今日のこの最高の空間を作ったのは、菅林（直樹）現会長を筆頭に、10年間死にものぐるいで日々戦い、新日本プロレスをここまで復活させた選手であり、またそれを支えてくれたファンの方たちだと思っております。誰もが認める重要な立役者である棚橋選手・中邑選手が戦うということは、非常に思い入れのある新日本プロレス最大の看板カードであることは間違いございません。私はこの2試合を、ただのダブルメインということで片づけることができません」とした上で、どちらを最終試合、すなわち真のメインイベントにするかを決めるファン投票を実施したのだ。

年間最大興行の試合順をファンに委ねることの是非はともかくとして、これまでの流れ、そして手塚社長の発言をかみ砕けば、ファン投票がインターコンチネンタルに優位に働くことは容易に想像できた。特設ホームページで27日間にわたって行われたファン投票の結果は、インターコンチネンタルが2万422票で、IWGPヘビーの1万1866票を上回り最終試合に決定した。これは中邑にとって会心の結果だった。投票開始前の会見では「新しい価値の創造じゃないですか？　俺たちがメインになることがあれば、本当の意味でインターコンチ…言いましたね？　僕、たしか（12年7月20日）秋田で。『IWGPと同等、もしくはそれ以上（にする）』。そんなものが、（現実に）なっちゃうんじゃないでしょうか?」と語っていた。約1年4カ月前、IWGPから遠ざかっていた中邑はインターコンチネンタルのベルトを手にし、団体最高峰王座を超えると宣言した。まさに有言実行、中邑は白いベルトを磨きに磨き、ファンの声によってIWGPヘビー級王座の上に立ったのだ。

一方でIWGPヘビー級選手権を戦うオカダと内藤にとっては、事実上のセミ降格という残酷な結果になった。とりわけ内藤にとっては屈辱だったに違いない。自身の夢であった東京ドームのメインイベントを目前に〝剥奪〟された上に、IWGPヘビー級選手権の試合順を落としてしまったのだ。そしてその責任を問う声は、IWGPヘビー級王者として団体を牽引し、2年連続MVPに輝いていたオカダではなく、当然のように挑戦者の内藤に向けられた。これを機に、内藤への風当たりはさらに強くなる。新日本の主役を目指してきた男は、ここからしばらくブーイングという逆風にさらされる日々を送ることになってしまった。

「ダブル所属」の飯伏がトップへの階段を一気に駆け上がる

13年のトピックを語る上で欠かせないのが、DDTプロレスリングの飯伏幸太の存在だ。09年の初参戦からケニー・オメガとの「ゴールデン☆ラヴァーズ」などで新日本のジュニア戦線を盛り上げたインディー界のスターは、順調なステップアップを続けていた。11年の「ベスト・オブ・ザ・スーパージュニア」では史上初めて他団体所属選手として優勝を果たすと、同年6月大阪大会で念願のIWGPジュニアヘビー級王座を獲得。左肩脱臼による長期欠場がありながらも、12年6月には所属団体DDTの最高峰王座KO－D無差別級王者となり、同年8月の日本武道館大会でケニーと壮絶な死闘を繰り広げ話題を呼んだ。

さらに13年になるとその輝きはさらに増していく。8月には階級の枠を超えてヘビー級の最高峰リーグ戦「G1 CLIMAX」に初出場。4勝5敗という結果ながら、中邑真輔との公式戦（8月4日、大阪）は壮絶な戦いとなる。最後はボマイェに沈められたものの、序盤に見せた華麗な空中殺法と終盤に〝覚醒〟した飯伏の殺気溢れる攻撃に会場は興奮のるつぼと化した。結果的にこの試合は13年度のプロレス大賞ベストバウトを獲得し、飯伏の名をさらにプロレス界に轟かせた。またDDT8月18日両国大会では新日本のオカダ・カズチカとの初シングルマッチを実現させるなど、業界はゴールデンスターを中心に大きなうねりが起きていた。

この八面六臂の活躍を高く評価した新日本は業界初の試みとして、飯伏にDDTとの〝ダブル所属〟を打診する。前代未聞の提案にDDT・高木三四郎社長は「2団体所属は例がない話でもあるし、ちょっと興味を持ってしまったんです。面白いじゃないかと。弊社としても飯伏幸太の可能性をもっと広げてあげたいという気持ちがありましたし、プロレス界発展のために業界全体で押し上げてスターにしなくてはいけないんじゃないかと思いまして基本的に合意しました」と受諾。10月7日の記者会見で、プロレス史上初の2団体所属という異例の契約が実現した。

ひと昔前であれば、資金力に勝る新日本がインディー団体の有望なレスラーを引き抜いていたことは想像に難くない。だが時代は変化し、両団体の友好関係もあって新しい形での〝半移籍〟が実現した。

業界の期待を一身に背負う存在となった飯伏は「僕はＤＤＴが大好きなので離れるっていうのは全然考えてなかったです。でも2団体所属という話を聞いて、自分は新日本プロレスも大好きだし、高木さんに『やってみたら』って言われて受けることにしました。自分はいつもプロレスを見たことない人たち、そういう人たちにもっとプロレスが広まればいいかなと。少しでもプロレス界にプラスになればいいかなと思ってます」と所信表明した。

当時の飯伏はＤＤＴにフル参戦し、新日本はビッグマッチを中心としたスポット参戦という形態が取られた。しかし形式上所属選手の一員となったことで、自ずと新日本での活躍の幅も広がっていった。14年1月4日東京ドーム大会では、バレットクラブのリーダーにしてＩＷＧＰジュニアヘビー級の絶対王者に君臨していたプリンス・デヴィットを撃破。3度目の同王座戴冠を果たす。その後もプロレス界の常識を次々と覆す活躍を見せ、一躍トップ選手の仲間入りを果たしていくことになる。

2014
（平成26年）

オカダ、棚橋、中邑が躍動し、会場のスケールアップも団体の勢いも加速！

ドームで味わった内藤の失意、棚橋の感慨

2014年の1月4日東京ドーム、ダブルメインイベント第1試合という事実上のセミファイナルに降格したIWGPヘビー級選手権は、王者のオカダ・カズチカが前年の「G1 CLIMAX」覇者・内藤哲也の挑戦を退けて7度目の防衛に成功した。団体最高峰王座が最終試合を飾れなかったことに悔しさがなかったわけがない。オカダは「今のがな、IWGPヘビーの試合だ。今のがな、IWGPヘビー級王者の実力だ。IWGPヘビー、ナメんじゃねえぞ、コノヤロー」と珍しく感情をむき出しにした。

そしてそれ以上に、敗者の内藤には残酷な結末が待っていたと言える。東京ドームのメインイベントに立つ夢を叶える目前で、思いもよらなかった「ファン投票」によってその資格を剥奪された。さらにもう1つの夢だったIWGPヘビー級のベルトも遠ざかって行ってしまった。今度こそファンの信頼を手に入れるためには、勝つしかなかった。それだけに、内藤にとってこの日喫した敗北は痛恨の極みだった。試合後は「(オカダに)嫉妬して何が悪い。夢を見て、何が悪いんだ。取れなかったら、何度でも挑戦すればいいだろ。俺にとって、IWGPが夢なんだ。また必ず、この舞台に帰ってくる。そしてIWGPを巻く。夢はいつまでも夢で終わらせられない。必ず実現してみせる。もう後ろを向かない。誰

に何を言われたって構わない。新日本プロレスの主役は、俺だ」と気丈に振る舞ったが、待っていたのは出口の見えないトンネルだった。2月11日の大阪・ボディメーカーコロシアム大会では、石井智宏に敗れてNEVER無差別級王座も失ってしまう。悲願の「G1 CLIMAX」制覇からわずか半年で、内藤はどん底へと突き落とされてしまった。

IWGPヘビー級選手権をセミファイナルに追いやり、大会の大トリを飾ったIWGPインターコンチネンタル選手権は、挑戦者の棚橋弘至が中邑真輔を撃破して第7代王者に輝いた。マーティー・フリードマンによる生ギターバージョンの「HIGH ENERGY」で入場した棚橋は、大舞台での強さをいかんなく発揮した。中邑のボマイェをカウンターの低空ドロップキックで迎撃。グラウンド・ドラゴンスクリュー、テキサスクローバーホールドで中邑の生命線であるヒザを破壊すると、スタイルズクラッシュからハイフライフロー2連発で鮮やかに3カウントを奪ってみせた。

この年の東京ドーム大会は、前年の2万9000人をさらに上回る3万5000人(主催者発表)を動員した。大観衆で東京ドームが湧きかえる、かつての光景が戻ってきたことに、棚橋は万感の思いを口にした。「プロレスを信じてここまでやってきて、本当によかったなと思いました」。入場ゲートに立った棚橋は、会場の3階席を見つめていた。「毎年、東京ドーム大会がある時、お客さんの入っていない、お客さんのいないブルーシートを見つめながら『絶対ここに入れてやるんだ』って思いながら入場してましたから。感無量です。日本全国に今日の東京ドームの熱をさらに広げていきたい」と、新日本復活の喜びを噛みしめていた。

この日で棚橋は、4年連続東京ドームのメインイベントで勝利を収めたことになる。上昇気流に乗る新日本において、絶対的なエースであることを証明する記録と言える。

ファン投票によって決まった2014年1・4東京ドームの実質メインは、オカダvs内藤のIWGPヘビー級王座戦を差し置いて、棚橋vs中邑のインターコンチネンタル王座戦に（棚橋が初戴冠）

中邑がインターコンチを刺激的なベルトに育て上げる

結果的には〝裏ＭＶＰ〟となってしまった格好だが、中邑こそが1月4日東京ドーム大会の真の主役だったと言っても過言ではないだろう。12年7月の初戴冠当時は「ＩＷＧＰの登竜門」と位置付けられ、お世辞にも団体から重宝されているとは言えなかったインターコンチネンタルのベルトに命を吹き込んだのは、紛れもなく中邑の功績だ。タイトルマッチを東京ドームのメインイベントに昇華させた中邑は、敗れてなお矜持を失わなかった。「自分が拾い、育て上げたインターコンチは歴史を変えた。とてつもなくまぶしい光を放ちました、今日で。乗りこなすつもりが、弾き落とされました。まだだね。まだまだ俺は変化と刺激が欲しい。みんな新しいものを求めている。今日だって、ぶっ壊れたんだもん。歴史が変わった。今日からが新しい扉の幕開けでしょう」。

自身が磨いてきたインターコンチネンタルのベルトを年間最大興行で終生のライバルに奪われた中邑は、2月9日広島サンプラザホール大会で即座にリマッチに臨む。インターコンチネンタル王座戦がメインに据えられた同大会は5040人超満員札止め（主催者発表）を動員し、同王座戦がＩＷＧＰヘビー級王座と同等に近いブランドになったことを改めて証明する。

この試合で中邑は棚橋のドラゴン・スープレックス・ホールドに沈められ、王座戦2連敗を喫する。約1年半近くにわたって磨き続け代名詞ともなったインターコンチネンタル王座は、完全に終生のライバルの手に渡ってしまった…かと思われたが、中邑の執念はすさまじかった。春のトーナメント「ＮＥＷ　ＪＡＰＡＮ　ＣＵＰ」にエントリーすると、デイビーボーイ・スミスJr.、プリンス・デヴィット、鈴木みのるをそれぞれ下して勝ち上がり、3月23日の兵庫・ベイコム総合体育館で行われた優勝決定戦に進出。顔面を鮮血に染めながらもバッドラック・ファレをボマイェで葬り、初優勝を成し遂げた。

例年であれば「NEW　JAPAN　CUP」の優勝者にはIWGPヘビー級王座への挑戦権が与えられていた。しかしこの年から同トーナメントにはインターコンチネンタル王者も不出場となり、優勝者にどちらの王座に挑戦するかの選択権が与えられていた。試合後のリング上では中邑は「どうしよっかな〜！　答えはこうだ！『愛してま〜す！』」と、棚橋の決めゼリフを引用してインターコンチネンタル王座再挑戦を宣言した。新日本の直近10年を支え続けた宿命のライバル2人によるシングルマッチは、1月4日の東京ドーム大会では約2年4カ月ぶりの実現ということもあって注目を集め、IWGPヘビー級王座戦を差し置いて年間最大興行のメインイベントに選ばれた。しかしひとたび実現すると戦火は一気に拡大し、なんと3カ月で3度というハイペースで龍虎相打つこととなった。

迎えた4月6日の両国国技館大会で、中邑はベルト奪回に成功する。棚橋のレインメーカー式スリングブレイド、ドラゴン・スープレックス・ホールドの猛攻にさらされながらも、後頭部へのボマイェ、ジャンピング式、スライディング式と次々とヒザを叩き込んで逆転。最後は正調ボマイェで激闘に終止符を打った。試合後に「棚橋はどんな存在か？」と問われた中邑は「それに答えられるほど、簡単な相手じゃないでしょう。言葉で表すのはどうでもいいです」と、あえて言語化を避けた。短期間のスパンで実現した3度のシングルマッチを通じて、終生のライバルへの思いを再認識したからこその答えだった。

しかし王者に休息の時はなく、どこまでも自由な白いベルトは新たな刺激を運んできた。新王者となった中邑のもとに現れたのは、ダニエル・グレイシーだった。総合格闘技で一時代を築いたグレイシー一族のダニエルは、ホーレス・グレイシーとともにこの年から新日本マットに参戦していた。そして中邑は02年の大みそか「INOKI　BOM-BA-YE」でダニエルに総合ルールで1本負けを喫した因縁があった。12年前の雪辱を期したダニエルとの王座戦は5月25日横浜アリーナ大会で実現。オープンフィンガー・グローブを着用してのパンチ、チョークスリーパーが有効で、道着を着用した場合は道着を使用した絞め技も有効となる異種格闘技戦ルールで行われた。緊迫感のある攻防で観衆を魅了し、最後はランドスライドからのボマイェで3カウントというプロレス流のフィニッシュでベルトを守った中邑は「このベルト、ヤバいヤツにしか巻けないでしょう。それも全て自分でケツを拭けるっていうね。それがこの白いベルト。インターコンチっていうと安っぽいかもしれないけど、名前以上の価値がある、名前以上の相手を呼んでくれる。本当に恐ろしい相棒ですよ」と勝ち誇った。誰にも真似できないオリジナルなスタイルを築き上げ、唯一無二の存在となった中邑の名前は、国内にとどまることなく海外でも高い注目を集めることになっていく。

AJが新日本マットに新風を吹き込む

「NEW JAPAN CUP」覇者の中邑がインターコンチネンタル王座戦線へと向かったことで空洞化してしまったIWGPヘビー級王座戦線には、海の向こうから超大物がやってきた。前年に米国・TNAを退団しフリーランスとなっていたAJスタイルズだ。1998年にデビューしWCW、WWEで若手時代を過ごしたAJは、2002年からTNAに参戦し大ブレイク。03年にZERO-ONEで初来日すると、08年には新日本にも参戦するなど日本でもその高い実力を証明した。ズバ抜けた身体能力と圧倒的なプロレスセンスから「ザ・フェノメナール（驚異）」の異名を欲しいままにしていた。

AJは4月6日両国国技館大会に乱入するとオカダを襲撃し、スタイルズクラッシュ（変型フェイスバスター）でKO。「新日本プロレスは最強の団体の一つと認識している。だから俺はここを選んだんだ。IWGPのベルトを狙っていく。それが世界でベストなベルトだと思っているからだ」と王座挑戦を表明する。AJはオカダのかつての武者修行先・TNAで押しも押されもせぬトップレスラーだった。「確かに俺がいた時にオカダも来ていたようだが、彼は若すぎた。何もやってないんじゃないか?」と〝格〟

2014年5月25日、新日本が10年半ぶりに横浜アリーナ大会を開催。インターコンチネンタル王者として独自色を追求する中邑はグレイシー一族のダニエル・グレイシーを撃破

の違いをアピールし、王座奪取に自信をのぞかせた。

ＡＪが登場した両国大会で、バレットクラブは大きな転機を迎えた。初代リーダーのプリンス・デヴィットが田口隆祐とのシングルマッチに敗れたのを最後に、新日本へ退団を申し入れたのだ。後にデヴィットはフィン・ベイラーのリングネームで世界最大団体ＷＷＥに主戦場を移す。バレットクラブの2代目リーダーにはＡＪが就任した。ＡＪの実力は、他の誰よりもバレットクラブのメンバーたちが理解していた。

そしてＡＪは、いきなり最高の結果を残してみせる。5月3日の福岡国際センター大会でオカダに挑むと、持ち前のスピーディな動きに加えてセコンドを乱入させるインサイドワークで試合をリード。さらに試合中にＣＨＡＯＳの高橋裕二郎がバレットクラブに寝返ってオカダに東京ピンプスをサク裂させる。絶好のアシストを受けたＡＪは、デヴィットの必殺技ブラディサンデーから自身の必殺技スタイルズクラッシュへと繋ぎ3カウントを奪ってみせた。そのフィニッシュは確実にバレットクラブのリーダー交代を意識させるものであり、これがユニットとしての勝利であることを強調するかのようだった。

試合後のリング上で裕二郎のバレットクラブ加入が正式にアナウンスされ、ＡＪが勝利のマイクアピールをすると、会場からは大ブーイングが巻き起こった。興行としてはまさしくバッドエンド以外の何物でもなかったが、ＡＪのベルト奪取は大きな意味を持っていた。11年1月4日東京ドーム大会以降、実に3年4カ月にわたって新日本最高峰のＩＷＧＰヘビー級王座はオカダと棚橋弘至の間でしか移動してこなかった。ここまで長期間にわたる〝2強時代〟はあとにも先にもＩＷＧＰの歴史に存在しない。新たなる最強外国人レスラーが、時代に風穴を空けたのだ。

ブロック・レスナー以来8年ぶりの外国人ＩＷＧＰヘビー級王者となったＡＪは快進撃を続けた。5月17日（日本時間18日）の米国・ニューヨーク大会でオカダ、マイケル・エルガンの2人を挑戦者に迎

2014年5・3福岡国際センターでAJスタイルズがオカダからIWGPヘビー級王座を強奪。8年ぶりに外国人王者が誕生した

えた3WAY形式の初防衛戦をクリアすると、5月25日横浜アリーナ大会ではまたもオカダをスタイルズクラッシュで返り討ちにして2度目の防衛に成功。なんとわずか1カ月足らずでIWGPヘビー級戦3連勝を飾ってみせる。「俺こそが世界ナンバーワンなんだ。だからこそこのベルトを持っている。バレットクラブ、ここにいるメンバーが最強なんだ。相手を見つけてくれるなら、俺たちは誰とでも戦ってやる」。海外でも高い知名度と人気を誇るAJがトップに立ったことで、新日本のリングはこれまで以上に世界中から注目を集めるようになっていった。

初進出の西武ドームでベストバウト

14年の新日本は、試合会場の規模を拡大させ、さらに団体としての勢いを増そうとしていた。5月25日の横浜アリーナ再進出に加え、リコシェが初優勝を飾ったジュニアの祭典「ベスト・オブ・ザ・スーパージュニア」優勝決定戦（6月8日）の会場は前年大会の後楽園ホールから国立代々木競技場第二体育館にスケールアップされた。そして真夏の祭典「G1 CLIMAX」優勝決定戦（8月10日）は、24回目にして初めて両国国技館から埼玉・西武ドームに会場を移して行われた。大仁田厚時代のFMWや全日本女子プロレスが「西武球場前下駐車場」で興行を開催したことはあるが…西武ドームでのプロレス興行は史上初の試みだった。

史上最多22選手がエントリーされ「空前絶後の夏が来る！」のキャッチコピーが採用されたこの年のG1の主役はオカダ・カズチカだった。IWGPヘビー級王座戦で2連敗（3WAY形式の王座戦では勝敗に絡まず）だったAJに開幕戦（21日、北海道・北海きたえーる）で雪辱を果たすと、内藤哲也とカール・アンダーソンには敗れたものの、真壁刀義、後藤洋央紀、天山広吉、矢野通、鈴木みのる、ランス・アーチャー、高橋裕二郎を撃破し8勝2敗の勝ち点16でBブロックを突破。Aブロック1位の中邑真輔との優勝決定戦に進出した。

CHAOSで同門のためオカダと中邑のマッチアップはG1だからこそ実現しうる団体屈指の好カード。それも優勝決定戦という大舞台とあって、観客の期待値は最高潮に達した。中邑のボマイェをカウンターのドロップキックで迎撃したオカダは、再度のボマイェもキャッチ。顔面へのパンチを浴びながらも逆さ押さえ込みの要領からレインメーカーをサク裂させる。さらにオカダは左腕を離さずにショートレンジで追撃。最後は正調を叩き込む圧巻のレインメーカー3連発で、2年ぶり2度目のG1制覇を成し遂げた。内容、シチュエーションともに文句のつけどころのなかったこの試合は、14年度のプロレス大賞ベストバウトを獲得している。

AJにIWGPヘビー級のベルトを奪われてからは精彩を欠いていたオカダだったが、G1制覇によって完全復活を遂げた。「空前絶後の夏? ふざけるんじゃねえぞ、コノヤロー。来年は今年以上のG1にしてやる。そして2015年の1月4日はな、今まで以上に東京ドームを満杯にしてやるからな！ 俺が新日本プロレスの中心にいる限り、新日本プロレスに…いや、プロレス界に！ カネの雨が降るぞ！」と、堂々のマイクアピールを終えると、1万8000人の観衆を集めた西武ドームに花火が上がった。まだ26歳の若さにして、オカダには「プロレス界」を背負うほどの風格が漂っていた。

オカダは2年前と同様に、翌年1月4日東京ドーム・IWGPヘビー級王座挑戦権利証の争奪戦を次々とクリアしていった。9月23日岡山大会ではアンダーソンを、10月13日両国国技館大会では内藤をそれぞれ下し、G1公式戦で敗戦を喫した2人にリベンジを完遂。3年連続で、年間最大興行でIWGPヘビー級王座戦を戦う権利を確定させた。5月福岡大会でAJに奪われたベルトを、1月4日の東京ドームで取り返すシチュエーションが整った。しかし、そこで向き合う対戦相手はAJとはならなかった。10月13日両国大会で行われた年内最後のIWGPヘビー級選手権で、挑戦者の棚橋弘至がAJを撃破し

2014年8月10日、西武ドームに初進出。G1優勝決定戦で中邑とのCHAOS同門対決を制したオカダが2年ぶり2度目の優勝を遂げた

新王者に輝いたのだ。

棚橋と柴田の8年越しの因縁にケリがつく

4月の両国大会でインターコンチネンタル王座を中邑真輔に奪われた棚橋弘至は「G1 CLIMAX」で再浮上のキッカケを掴んだ。最終公式戦（8月8日、横浜）でデイビーボーイ・スミスJr.に痛恨の敗北を喫してしまい7勝3敗で優勝決定戦進出こそ逃したものの、Aブロック1位となった中邑との公式戦（8月3日、大阪）で雪辱を果たすなど存在感を発揮。さらに8月10日西武ドーム大会ではノンタイトル戦ながらIWGPヘビー級王者・AJスタイルズとのスペシャルシングルマッチで勝利を収めてみせる。これでAJとの通算戦績は2勝1敗となり、新日本のエースここにありを証明してみせた。

一気に発言権を得た棚橋は、IWGPヘビー挑戦の前にG1公式戦（7月26日、秋田）で敗れていた柴田勝頼とのリベンジマッチを要求する。棚橋と柴田の因縁は浅くない。1999年10月10日の後楽園大会で同日デビューを果たし、ヤングライオン時代からライバル心をむき出しにして切磋琢磨してきた。一時は中邑を加えた「新・闘魂三銃士」とも称されたが、柴田は暗黒時代真っただ中の05年1月をもって新日本を退団してしまう。棚橋は新日本のリングで、柴田は総合格闘技のリングでお互いに自身の信じた道を貫いてきた。だが身を粉にして苦しい冬の時代を支えてきた棚橋からすれば、12年8月に柴田が新日本マットに復帰したことをすんなりと受け入れることはできなかったはずだ。13年8月11日両国国技館大会のG1公式戦で柴田とのシングル戦を制すると「なんかさ、昨日（柴田が）『プロレスがおもしろくなってきた』って言ったんでしょ？　よかったじゃん？　どの口が言ってるのか知らないけどさ…寝言は寝て言えっつーんだ、コラァ！」と珍しく怒りを爆発させる一幕もあった。

そして迎えた9月21日神戸ワールド記念ホール大会で、棚橋は柴田と再戦した。柴田の足を徹底的に攻め続けると、go 2 sleepをキャッチしてドラゴンスクリューを発射。最後はボディーアタック式ハイフライフローからハイフライフローで3カウントを奪ってみせた。しかしこの試合のハイライトは、決着後のリング上だった。額を突き付けていくつかの言葉を掛け合った両雄は、どちらからともなく握手をかわし、抱き合って健闘を称え合ったのだ。柴田の口から出た言葉は、紛れもなく本音だった。「俺のいない10年間、新日本を守ってきてくれてありがとう」。

新日本の歴史だけを見れば、選手が次々と離脱していった団体を暗黒時代から再建した棚橋の功績ばかりがクローズアップされる。しかし柴田もまた、自分の信じた生き方を外の世界で貫いてきた。総合格闘技に参戦したのも、柴田なりの〝新日本〟だった。決して本人の口からは語られなかったが、想像以上の苦難にも見舞われてきた。２０００年代後半から格闘技界は冬の時代に突入し、大きな大会に出場してもファイトマネーが支払われないこともザラにあった。幾多の試練を乗り越えて、再び新日本のリングで輝きを放つまでになったのだ。

棚橋もまた柴田の全てを受けとめ、そして和解した。「まさかね、柴田があんなことを言うとは…。新日本を守ってくれてありがとうって、どの口が言ってんだか知らねえけどさ、ずるいわ。いろいろ言ってきたけど、俺のコメントがアイツの未来を妨げるのであれば、それは本意じゃないから。せっかくプロレスに対して楽しさを抱いている、充実感を抱いているのであれば、自由にやってほしい。戦ってる相手には変わりないけど、俺から柴田にひとこと言うとしたら『おかえり』って」と、恩讐を越えて新たな関係性を構築していった。

柴田との抗争を経てさらなる成長を遂げた棚橋は、勢いそのままに10月13日両国国技館大会でＡＪとのＩＷＧＰヘビー級王座戦にも勝利。藤波辰爾の記録を超えて史上最多となる7度目の同王座戴冠となった。これが年内最後のＩＷＧＰヘビー級戦だったため、滑り込みで翌年1月4日東京ドーム大会のメインイベントに王者として出場し、G1覇者オカダ・カズチカと初防衛戦を行うことが決定した。棚橋はこれで5年連続で「1・4ドーム」のメインイベンターという大役を務めることになった。まさに大エースと呼ぶにふさわしい快挙だ。

1月4日東京ドーム大会でのインターコンチネンタル王座奪取に始まり、10月のIWGPヘビー級王座返り咲きと年間を通じての幅広い活躍が認められ、棚橋はこの年のプロレス大賞MVPを受賞する。3度目のMVP受賞はこの時点でジャンボ鶴田に並ぶ歴代4位の記録。オカダの3年連続受賞を阻止したこともあって、世代交代阻止を強烈に印象付ける充実の1年となった。

柴田、新日本プロレスにどっぷり浸かる

柴田勝頼にとってもまた、14年は大きな意味を持つ1年となった。この年の柴田を取り巻く環境の変化は目まぐるしい。まずは1月4日東京ドーム大会で、アゴの骨折により長期欠場していた後藤洋央紀の復帰戦の相手を務める。柴田と後藤は三重県立桑名工業高等学校の同級生で、レスリング部でともにプロレスラーになることを誓い合った間柄。壮絶な打撃戦の末に昇天・改で敗れた柴田だったが、この一戦で再び心が通じ合ったのか試合後は後藤と肩を組んで退場した。「まずは、後藤が新日本プロレスにいてくれてありがとう。そして試合をして思ったことは、俺はいま、青春をしている」と、同級生への感謝を口にした。これを機に柴田は2月9日広島大会で後藤との〝同級生タッグ〟を始動させる。

さらに2年連続の出場となった「G1 CLIMAX」では棚橋弘至、中邑真輔と同じAブロックにエントリー。かつての「新・闘魂三銃士」が全員同組になったことで大きな話題を集めたが、柴田は中邑、棚橋に連勝。05年1月の退団から、12年8月の古巣復帰までの道のりが、決して無駄ではなかったことを結果で証明してみせる。

かつて「新・闘魂三銃士」と呼ばれながら、道を違えた棚橋と柴田が試合後に握手（2014年9・21神戸ワールド記念ホール）

9月21日神戸ワールド記念ホール大会のスペシャルシングルマッチで棚橋に、11月8日大阪・ボディメーカーコロシアム大会のIWGPインターコンチネンタル選手権で中邑にそれぞれリベンジを許してしまった柴田だったが、後藤との同級生コンビで出陣した「ワールドタッグリーグ」で結果を出す。Bブロックにエントリーした柴田と後藤は、4勝3敗の勝ち点8という成績ながら、同点で並んだ中邑真輔&石井智宏、ランス・アーチャー&デイビーボーイ・スミスJr.との直接対決で勝利していたことで優勝決定戦に進出。12月7日愛知県体育館大会で、Aブロック1位のIWGPタッグ王者カール・アンダーソン&ドク・ギャローズを撃破し初優勝を飾った。

プロレスラーになるという同じ夢を見たかつての同級生と、二人三脚で古巣復帰後初の栄冠を手に入れた。柴田はリング上で「プロレス界に来て、特になんかこれといった結果を出したことがなかったんですけど、今日初めて後藤と記録に残る結果を出しました。そうなってくると…そろそろ勲章が欲しいな!」と、翌年1月4日東京ドーム大会でのIWGPタッグ王座挑戦を宣言した。後藤も「あの時から何も変わってないよ、高校の時から。ただ俺らはがむしゃらに、上を目指してやってるだけですから」と呼応した。そんな2人の絆を見て、筆者は11年1月に都内で行われた後藤の結婚式を思い出した。真実さんとの披露宴には、まだプロレス復帰前の柴田も出席していた。しこたま酒を飲んで泥酔した柴田から声をかけられると「俺の記事はどんなふうに書いたって構わない。でも後藤の記事だけは絶対にアイツのことを悪く書くなよ」と何度も念を押され、2人の絆の深さを実感したものだ。

12年に桜庭和志とのタッグで古巣に戻ってきた柴田は、新日本のリングに最大級の刺激を与えた。そして後藤、棚橋、中邑といった因縁浅からぬトップレスラーたちとの戦いを通じて、新日本にとって欠かせない存在へとなっていくのである。

新日本を目指したケニーの心意気

14年の年末には、後の主役の一人となる男が新日本にやってきた。かつて飯伏幸太との「ゴールデン☆ラヴァーズ」で新風を吹き込んだケニー・オメガが、一つの決心を胸に姿を変えて再登場したのだ。

前年に新日本とDDTのダブル所属選手となった飯伏のあとを追うように、ケニーは14年10月にDDTを退団して、新日本に本格参戦することを発表していた。飯伏のようにダブル所属ではなく、古巣を辞めてまで新日本のリングに集中する理由について会見では「私の今のコンディション、アスリートとしてのコンディション（のピーク）は今だと思います。もし今100%限界まで挑戦しないと、自分自身にガッカリする」と流暢な日本語で語っていた。

しかし11月8日の大阪・ボディメーカーコロシアム大会でケニーは、これまでの緑を基調としたコスチューム、陽気なキャラクターから一変し、全身黒のコスチュームを身にまとった姿で現れた。そして極悪外国人ユニット「バレットクラブ」に電撃加入されることが発表される。暗殺者を意味する「ザ・クリーナー」を名乗ったケニーは「俺がバレットクラブに入ったことに驚いたか？　別にだましたわけじゃない。ここに集まったのは本当のプロフェッショナルレスラーだ。俺たちはあらゆるベルトを集める。そのためにアンダーソン、ヤングバックス（マット・ジャクソン&ニック・ジャクソン）も俺に近付いてきた」と豪語した。

スター街道を歩んできた飯伏の裏で、ケニーは人知れず苦しんできた。「ゴールデン☆ラヴァーズ」の活躍の幅が広まるにつれ、2人の評価には差が生じ始めていた。ケニーは国籍の壁もあってか「飯伏のパートナーの外国人選手」という不本意な評価をなかなか覆すことができなかった。「俺はチームの弱点になりたくなかった。2人はいいチームだけど、ケニーより飯伏の方が強い。日本のファンにずっとそう思われてきた。団体からもそういうプロモーションをされているように感じた。公には言わなかったけど、すごくつらかったんだ」（『スポーツ・グラフィック Ｎｕｍｂｅｒ ２０１７プロレス総選挙』）。

実力を認めさせるにはシングルプレーヤーとしての結果が必要だったが、年に1度の「ベスト・オブ・ザ・スーパージュニア」だけではなかなか思うようなチャンスを掴めなかった。11年には全日本プロレスにも活躍の幅を広げ世界ジュニアヘビー級王座を奪取。己の肉体を駆使した激闘を続けたが、その注目度は新日本と比べると段違いに低かった。実はケニーはもしも14年中に新日本との契約を結べないのならば、米国・ＷＷＥに行くことも検討していた。その意志が固かったため、ＤＤＴは高い人気を誇っていた外国人選手の慰留を断念した経緯がある。

ケニーがバレットクラブに入った理由の一つは、新天地で「飯伏のパートナー」となってもまた同じことの繰り返しになるだけだという思いがあったからだ。「辛くても、自分が成長するためには飯伏と離れたほうがいい。一から新しい自分でやり直そうと思ったんだ」。これまでのイメージを捨て去るために、より試合だけに集中できるように、一生懸命学んだ日本語でのコメントは封印した。友人でもある飯伏に対する劣等感を捨て去って対等になるため、世界一のレスラーになるために、ケニーは黒く染まった。そして翌年1月4日東京ドーム大会では田口隆祐を撃破し、ついにＩＷＧＰジュニアヘビー級王座を獲得した。しかしこれは、ケニーにとって大いなるサクセスストーリーの序章に過ぎなかった。

2015（平成27年）

オカダが天龍戦でプロレス界の顔に！内藤がロス・インゴで覚醒

棚橋がオカダに見せつけたメインイベンターとしての覚悟

２０１５年の１月４日東京ドーム大会では、ＩＷＧＰヘビー級王者の棚橋弘至と「Ｇ１　ＣＬＩＭＡＸ」覇者のオカダ・カズチカによる頂上対決、そして団体が誇る黄金カードがメインイベントに据えられた。とりわけオカダには、胸に期する思いがあった。２年前の13年大会ではキャリア初の東京ドームメインという大一番で棚橋に屈した。そしてＩＷＧＰヘビー級王者として臨んだ１年前の14年大会では、内藤哲也との防衛戦がファン投票の末に事実上のセミファイナルに降格という屈辱を味わっていた。棚橋と中邑真輔のＩＷＧＰインターコンチネンタル王座戦によって最終試合を〝強奪〟された事実は、少なくともファンのあいだではまだ自分が団体の顔として認められていないことを示していた。

どんな結果や記録を残すよりも、世代交代を証明するには東京ドームのメインイベントで目下４連勝中の棚橋に勝つことが最も分かりやすい方法だ。前年をさらに上回る３万６０００人の観衆の前で、己の実力を証明して団体を背負う役目を引き受けるつもりだった。しかしオカダは、またしても棚橋の高い壁によって跳ね返されてしまう。レインメーカーをヒットさせても３カウントを奪うことができずに、ドラゴン・スープレックス・ホールドで形勢を逆転される。ならばとドロップキックから再度レインメーカーを狙ったが、これを回避されるとドラゴンスクリューを連発されボディアタック式ハイフライフローを被弾。グラウンド・ドラゴンスクリューからのハイフライフローでついに力尽きた。

　またしても勝利にあと一歩届かなかった。重い足取りで花道を引き揚げていたオカダは、悔しさのあまり泣き崩れて動けなくなってしまった。ここまで感情をむき出しにして号泣するレインメーカーの姿は、誰も見たことがなかった。期せずして東京ドームの会場からは「オカダ」コールが巻き起こる。全てを出し尽くした敗者の姿は見る者の心を打った。しかしオカダは、またしても棚橋に跳ね返された。「正直…ベルト以外の物もかかっていたと思いますから、本当悔しいですね。ただ、やっぱり僕が王者じゃないと、カネの雨は降りませんから。しっかりまた来年のドームへ、俺がしっかり盛り上げて、すぐまた王者になってやる。それだけじゃない、しっかり来年のドーム、俺がまた超満員にして、しっかりまたカネの雨を降らせてやる」。新日本は確かにかつての熱気を取り戻し、V字回復してきている。それでも観客動員という点においては、東京ドームという大会場が立錐の余地もない超満員になっていた時代にはまだ届いていない。そしてその光景を取り戻すのは自分しかいない。オカダはこの日の敗北を糧に、さらなる成長を遂げていくことになる。

　一方で勝った棚橋はこれで「1・4ドーム」で5年連続メインイベント勝利という大記録を打ち立てた。新日本の年間スケジュールは1月4日の東京ドームで1年間の集大成を迎え、同時にまた新たなスタートを切る。その大会のメインで勝ち続けるということは、棚橋が不動のエースであることを象徴していた。またもオカダの前に高く立ちはだかった棚橋は、退場の際に泣き崩れる敗者に対し「オカダ！　悔しいか？　ひとこと言っておいてやる。よく聞けよ？　IWGPは遠いぞ！」と言葉をかけた。近年の新日本を見ているファンには、この言葉が決して勝利のアピールではなく、オカダへのエールだったことが伝わったはずだ。

2015年1・4東京ドームでIWGPヘビー級王者・棚橋に敗れたオカダが、花道で号泣。普段クールなオカダが見せた珍しい姿だった

戦前にはオカダから「くすんだ太陽には沈んでもらう」と挑発も受けていたが、棚橋は動じなかった。2010年代の前半は、まぎれもなく棚橋の時代だった。それは年間最大興行のたびに証明されてきた。

「メインイベンターっていうのは責任があって、5年連続任されてるってことは、新日本プロレスを託されてるんですね。それは集客であったり、試合内容であったり。ただその責任がプレッシャーにはならないんですよね。期待されるっていう喜びになるから。プレッシャーっていうのは2009年の武藤戦に置いてきました。緊張の極限状態を乗り越えたので、俺はその向こう側にいます」。新日本にとって〝夜明けの一戦〟となった09年1月4日東京ドームでの棚橋vs武藤のIWGPヘビー級戦から、棚橋は文字通り太陽となって新日本の未来を明るく照らし続けていた。

しかし頂上決戦に勝利して初防衛に成功した棚橋の政権は、意外にも長く続かなかった。2月11日の大阪・ボディメーカーコロシアム大会で前王者・AJスタイルズの挑戦を受けて立った棚橋は、バレットクラブのセコンド介入に苦しめられる。場外へのハイフライフローで蹴散らすも、その際の衝撃で顔から大流血。ペースを乱されたか、AJに反撃を許す。最後はブラディサンデーからのスタイルズクラッシュに沈み、IWGPヘビー級のベルトを失ってしまった。

前年の14年に新日本に本格参戦を果たしたAJは、これで2度目のIWGPヘビー級王座戴冠となった。12年から続いた棚橋とオカダの2強時代が、AJを加えた3強時代となったことを改めて象徴する王座交代だった。

ダブル所属選手・飯伏の栄光と苦悩

東京ドーム大会で特大のインパクトを残したのは、王者・中邑真輔と挑戦者・飯伏幸太によるIWGPインターコンチネンタル選手権だった。前年11月の大阪大会で柴田勝頼の挑戦を退けた中邑に対し、飯伏がいきなり背後からジャーマンをサク裂させて挑戦を表明。13年8月の「G1 CLIMAX」公式戦以来2度目となる両者のシングルマッチが実現した。飯伏が〝覚醒〟した末に中邑が激闘を制した前戦は、同年のプロレス大賞ベストバウトを獲得している。戦前からハードルは上がりに上がっていた。

果たして両者の「ラウンド2」は、観客の期待を上回る壮絶な展開に突入していった。またしても覚醒した飯伏は、中邑に掟破りのボマイェを発射。これをカウント1で返した中邑もキレて、攻防がさらにヒートアップする。飯伏がスワンダイブ式ジャーマンで会場のド肝を抜けば、中邑もジャンピングボマイェで譲らない。最後はボマイェが相打ちになったところで、中邑がランドスライドから右のボマイェを解禁して互いの殺気に満ち溢れた死闘に終止符を打った。

「ヤバい」以外の形容詞が見当たらない一戦は、両者の評価をさらに高めた。中邑は「自分が思うところのプロフェッショナルと思います。まあ褒めようと思えばいくらでも。けなそうと思えばいくらでも。でもね、あんなヤバい…なんでもいいや、自分にとって特別な相手はいないっすね。自分がものすごく高揚するんです。お世辞抜きで。今までのプロレス人生の中でも、そうと言い切れるのはアイツだけでしょう」と飯伏を称賛。飯伏も中邑へのリスペクトを口にした上で「負けたことで、まだまだ自分のヘビー級は、逆に可能性があると思いました」と手ごたえを強調した。両者の試合がいわゆる「スイング」した最大の理由は、ともに20代前半まで格闘技をベースとしたキャリアを積んできたからだろう。中邑は総合格闘技の大会でも結果を残し、飯伏もプロレス入り前は立ち技格闘技の世界で名を馳せていた。「阿吽の呼吸」にも近い、洗練された攻防の根底には互いのシンパシーのようなものがあった。

この一戦で新日本ヘビー級のなかで確固たる地位を確立した飯伏は、さらなる飛躍を遂げていく。3月の「NEW JAPAN CUP」ではドク・ギャローズ、矢野通を下してベスト4に進出。3月15日の広島・サンプラザホールで行われた準決勝で内藤哲也との同い年対決を制すると、決勝戦では後藤洋央紀をフェニックス・スプラッシュで圧殺し初優勝を成し遂げた。飯伏にとってはこれがヘビー級で獲得した最初の勲章となった。

試合後の飯伏は珍しくリング上で涙を見せた。その理由について明言はしなかったが「この喜びを誰に伝えたいか」というインタビュアーの問いには「両親です」と即答した。翌日発行の東京スポーツはこう報じている。「いつもはひょうひょうとしている飯伏だが、この日ばかりはリング上で涙を流した。13年3月に68歳で亡くなった父・六男さんの姿が胸をよぎったからだ。六男さんは大のプロレス好きだった。飯伏は自分がレスラーになることを伝えるのが『恥ずかしかった』ため、04年7月に無断でデビュー。テレビ番組でカミングアウトすると、以後は応援し続けてくれた。だがその直後、父は脳梗塞で倒れてしまう。10年ごろからは容体が悪化。『いろいろと併発してしまったみたいで。急激に足も悪くなって歩行器が必要になって、病院を転々としていた』（飯伏）。それでも父はプロレスの映像を見せると元気になった。それからはスター街道を走る飯伏の姿が闘病の支えになった。亡くなる直前の12年12月、飯伏はDDT鹿児島大会で地元凱旋。会場には父がいた。『その時は3カ月くらい前からずっと笑えない状態。俺のことも分かるか分からないかくらいで。でもこの時、最後に笑ったんですよ』。プロレスで笑顔にさせたことが、飯伏にとって最後の親孝行となった。そんな父は生前、飯伏がIWGP王者になることを夢見ていた」。

「NEW JAPAN CUP」覇者にはIWGPヘビー、インターコンチネンタル、NEVER無差別級のいずれかに挑戦する選択権があった。飯伏は敢然と団体最高峰のIWGPヘビー挑戦を表明。4月5日両国国技館大会でAJスタイルズに挑戦する。互いに抜きんでた身体能力を誇る両雄の大一番は、スピーディかつダイナミックな攻防が続く。飯伏は必殺のフェニックス・スプラッシュを投下するが、何とAJにキャッチされるとそのままスタイルズクラッシュで沈められるという衝撃的なフィニッシュで敗れてしまった。頂点にはあと一歩届かなかったものの、飯伏とＡＪが繰り広げた一戦は、まさに新日本が〝世界最先端〟のプロレスを提供していることを満天下に証明した。

順調にスター街道を驀進していた飯伏だったが、史上初のダブル所属選手という道のりは、心身に想像を絶する負担がかかっていた。ハードスケジュールによる肉体的な疲弊に加え、価値観の異なる２団体を行き来することで逆に孤独感を強めていく。９月から徐々に体調不良に陥る欠場が見られ始め、10月から頚椎椎間板ヘルニアによって長期欠場を余儀なくされる。この年のゴールデン☆スターは栄光と苦悩の両方を味わっていた。

棚橋と中邑の宿命のライバル対決にいったん幕

上昇気流の新日本はこの年も〝攻め〟の姿勢を崩さなかった。７月５日には１９９４年９月以来、実に約21年ぶりに大阪城ホール再進出を果たす。これまで大阪地方のビッグマッチは大阪府立体育会館で開催されてきたが、一気に規模が拡大されたのは観客動員の好調ぶりを如実に示していた。ＩＷＧＰヘビー、ＩＷＧＰインターコンチネンタル、ＩＷＧＰタッグ、ＮＥＶＥＲ無差別級、ＩＷＧＰジュニアヘビー、ＩＷＧＰジュニアタッグの６大タイトルマッチに加え、柴田勝頼vs桜庭和志のスペシャルシングルマッチなど豪華カードがラインナップされた同大会は１万１４００人超満員札止め（主催者発表）を動員。メインではオカダ・カズチカがＡＪスタイルズからＩＷＧＰヘビー級王座を奪回し、再び新日本の中心に舞い戻った。

さらに25回目の節目を迎えた「Ｇ１　ＣＬＩＭＡＸ」も史上最大規模で開催され、過去最多の19大会で行われた。この大会で存在感を発揮したのは、新日本を暗黒期から再建した立役者でもある棚橋弘至と中邑真輔の２人だった。棚橋は内藤哲也とバッドラック・ファレに黒星を喫しながらも真壁刀義、柴田勝頼、天山広吉、飯伏幸太、矢野通、ＡＪスタイルズ、ドク・ギャローズを撃破し7勝2敗で堂々のＡブロック1位突破。一方のＢブロックにエントリーされた中邑は、公式戦2戦を終えたところで左ヒジの負傷により公式戦1試合を含む3大会の欠場を余儀なくされる。それでも8月1日大阪大会でリーグ戦に復帰すると、鬼気迫るファイトを展開。8月15日両国国技館大会での最終公式戦ではＩＷＧＰヘビー級王者のオカダから腕ひしぎ十字固めでギブアップを奪い、7勝2敗（1不戦敗）で逆転突破を決めた。ちなみにこの試合はレインメーカーとして凱旋帰国した12年1月から今日に至るまで、オカダが唯一喫したギブアップ負けとして戦歴に残っている。

そして迎えた8月16日両国大会での優勝決定戦。これまで数々の名勝負を展開してきた棚橋と中邑だが、Ｇ1制覇をかけてのシチュエーションは初めてだった。運命のライバル同士の大一番は、互いの死力を尽くした攻防が展開された。棚橋はハイフライフローを、中邑はボマイェを完璧にヒットさせるが、それでも3カウントは奪えない。中邑の奥の手・雪崩式ランドスライドを狙われた棚橋は、これを何とか逃れるとドラゴン・スープレックス・ホールドで攻勢に転じる。最後は背中へのハイフライフローから正調ハイフライフローの2連発で、激闘に終止符を打った。

棚橋が07年大会以来8年ぶり2度目の優勝を飾ったリング上では、意外な光景が待っていた。何と敗れた中邑が、棚橋の元に近寄り握手を要求。棚橋がこれに応えると、中邑はノーサイドで勝者の手を高く挙げた。長きにわたり敵対してきた両雄だったが、その戦いの歴史が新日本という団体に再び光をもたらし、時代を動かしてきた。心の奥底で実力を認め合ってきた2人が、ついに公の場で互いに称え合う姿は、ファンの心を打った。棚橋は優勝インタビューで中邑について問われると数分間の沈黙ののち「(05年1月の) 東京ドームでね、初対決してからいろんなところでライバルって見られて、そういう中で戦ってきたけども、それだけだったんでね。それ以上なにを望むんだってことなんですけど、『ライバルでしょ』って（ひと言で）片付けられてしまうのは嫌なんですよね。また今日を境に、ライバル以上の関係性を俺は望みます」と語った。そして皮肉にも、この言葉通りに2人はこの戦いを最後に、少なくともリング上では単純なライバルではなくなっていく。棚橋と中邑のシングルマッチは、22年現在でこの試合を最後に行われていない。

棚橋は翌年1月4日東京ドーム大会でのIWGPヘビー級王座挑戦権利証を手に入れると、9月27日神戸ワールド記念ホール大会でバッドラック・ファレを、10月12日両国国技館大会で内藤哲也を相手に防衛に成功。6年連続となる東京ドーム・メインイベンターの座を確定させると、同じく両国大会でAJスタイルズを相手に初防衛に成功したオカダと2年連続同一カードでの頂上決戦が決定した。また下半期は8月に参戦したDDT両国大会で他団体とのイデオロギー闘争も勃発。「オレは珍しく怒ってるよ。グラウンドで競おうとか、打撃で競おうとか、技で競おうとか。ナメたらダメでしょ。これは悪い傾向にあるけど、全団体を横一列で見てもらったら困るんだよ！」という発言が物議を醸したが、11月17日のDDT後楽園に出場してノーサイドに。団体内のみに限らず話題に事欠かない1年となった。

天龍からオカダへ、昭和から平成へ

しかしこの年の新日本、いやプロレス界の主役はオカダ・カズチカだった。IWGPヘビー級王者としてのG1制覇こそ逃したものの、シリーズ最終戦の8月16日両国大会で、オカダの元をある大物が訪れる。同年11月15日に両国国技館で引退試合を控えていた〝ミスタープロレス〟天龍源一郎だった。

オカダと天龍のキャリアにおいて直接的な関わりはない。因縁が生まれたのは13年度のプロレス大賞でオカダが2年連続でMVPを受賞した時の発言だった。当時、同賞の連続受賞者は25年ぶりで、過去の達成者はアントニオ猪木、ジャンボ鶴田、そして天龍源一郎の3選手のみという快挙だった。受賞の席でオカダは「その3人は、僕と同じ時代じゃなくてよかったなと。同じ時代だったら、そんな記録、その3人はできていないと思いますんで。僕よりもだいぶ前の時代にプロレスラーとしてそういう記録がとれたことを僕に感謝してほしいですね」と持ち前のビッグマウスを連発した。

その言葉はマスコミへのリップサービスの意味も含まれているように見えたが、天龍にとっては看過できないものだった。「キャラなのか、自惚れなのか、本心なのかは知らないけど『自分が吐いた言葉には責任を持てよ』ということだよ。これだけコケにされたらリングでケリをつけるしかないでしょう。猪木さんもジャンボも現役じゃないけど、俺は現役だからね。黙ってられないだろう」と激怒。引退試合の最後の相手にオカダを指名すると、両国国技館に乗り込み「昭和のプロレスを味わう最後のチャンスだぞ」と宣戦布告した。これに対しオカダも「どうなっても知りませんよ」と受諾し、何と年齢差37歳のシングルマッチが決定した。

特筆するべきは65歳で満身創痍の天龍とは対照的に、28歳のオカダは現役のIWGPヘビー級王者であり現代プロレスにおける象徴的存在だったことだ。最後の最後まで最強の相手と戦いたい、そして己の生き様を貫きたいという天龍。ジャンルとして絶大な人気を誇った昭和の時代のファンにも、今のプロレスの魅力を伝えたいというオカダ。時代と時代を代表するトップレスラー同士が激突した「天龍源一郎最終興行~天龍源一郎~革命終焉Revolution FINAL」は11月15日に両国国技館で行われ、1万522人(超満員札止め)を動員した。

それぞれの意地がぶつかり合う一戦は、プロレス史に残る大一番となった。オカダは得意のドロップキックを中心に試合を組み立て、天龍のグーパンチもあえて正面から受けとめた。10分過ぎには不完全な形のパワーボムでマットに叩きつけられる。グーパンチ、張り手、喉元へのチョップ…天龍の代名詞でもある「痛みの伝わるプロレス」が最後の輝きを放つ。全てを耐え切ったオカダは、ドロップキック

天龍源一郎引退試合の相手を務めたのはオカダ。昭和を代表する"ミスタープロレス"をレインメーカーで介錯した(2015年11・15両国国技館)

から渾身のレインメーカーを発射。天龍はオカダのフィニッシュを正面から食らい、そして相撲時代から慣れ親しんだ両国の天井を見上げて敗北の3カウントを聞いた。その試合は「昭和」から「平成」へ、気高きバトンタッチの儀式のようにも見え、まさに「昭和プロレスの最終回」と言えた。

天龍は1963年に13歳で大相撲二所ノ関部屋に入門。前頭筆頭まで上り詰めたが76年に廃業し26歳でプロレスに転向した。全日本プロレス、SWS、WARなどで長年にわたってトップレスラーとして活躍し〝ミスタープロレス〟の名を欲しいままにした。ジャイアント馬場、アントニオ猪木の両巨頭からピンフォール勝ちを収めた日本人レスラーでもある。65歳まで最前線で戦ったレジェンドは、オカダとのラストマッチを全盛時を彷彿とさせるショートタイツで戦い、そして完全燃焼した。「本当に腹いっぱいのプロレス人生でした。もうこれ以上望むものはありません」と万感の思いを口にして引退の10カウントゴングを聞いた。そしてオカダに対しては「彼は新しいプロレスを今日、俺に体験させてくれましたよ。こんなこと言うのもシャクだけど、最後にふさわしい相手だったと思いますよ」と賛辞の言葉を送った。

一方で介錯人としての役目を務めたオカダは、決着後のリング上に横たわる天龍に深々と頭を下げてから退場した。戦前は挑発的な発言も繰り出したが、その根底には偉大なるレジェンドへのリスペクトがあった。「これが昔のプロレスと今のプロレスの違いだ。これが昭和のプロレスか分からない。もしかしたら平成のプロレスとも違うかもしれないし。ただ、年下のすげえ後輩の俺が言ってやる。天龍さん、アッパレだよ」。因縁の発端となった発言は決して過去を否定するものではなく、現在のプロレスに誇りを持っているからこそのものだった。そして未来を託されたオカダは「いまさら俺に任せろとかどうだってのはないですけどね。もうとっくにバトンは受け取って走ってますから。天龍さんに最後に伝えるとしたら…やっぱり『お疲れさまでした』ですかね」と、力強く宣言した。

オカダと天龍の試合は、ジャンルとして進化を遂げてきた現代プロレスとは一線を画す内容だった。しかし時代と時代をつなぐ歴史的な戦いであり、根底にはプロレスというジャンルをさらに向上させたいという互いに共通する夢があった。この試合は15年度のプロレス大賞ベストバウトに選ばれた。翌年の授賞式でオカダと顔を合わせた天龍は、何とも粋な第一声を発した。「オカダよ、俺と同じ時代に生きていて本当に良かったな。ベストバウト取れたじゃねえか、コノヤロー」。

一方で天龍との試合でさらに評価を高めたオカダは、この年のMVPにも選ばれた。より幅広い層から業界のスターと認知されたレインメーカーは、まさに時代を代表するプロレスラーとしてこれまで以上に多くのものを背負ってリングに上がり続けることになる。

鳴かず飛ばずの内藤が一か八かの賭けに出る

15年に大きく変貌を遂げたのが内藤哲也だ。13年の「G1 CLIMAX」制覇後も、本格的なブレイクを果たすことができなかった内藤は、長きにわたりもがき苦しんでいた。反則を行っているわけでも、嫌われ役に徹しているわけでもないのに、日本全国あらゆる会場でブーイングを浴び続けてきた。かつて憧れた棚橋弘至の背中はどんどん遠ざかり、先を越された後輩のオカダ・カズチカにも大きく水を開けられていた。20代のうちにIWGPヘビー級王者になる夢を掲げながら、ベルトには手が届かないまま間もなく33歳を迎えようとしていた。

そんな内藤に15年5月、メキシコ・CMLLへの約1カ月間の遠征のチャンスが訪れた。もしもここで何もつかめなかったら、自分はこのまま終わってしまう。おそらくはこれがラストチャンスだと悲壮な覚悟を持って海を渡ると、現地でムーブメントを巻き起こしていた人気ユニット、ルーシュ、ラ・ソンブラ、ラ・マスカラの「ロス・インゴベルナブレス」に合流。スーツ姿で入場し、ブーイングなどお構いなしにラフファイトを繰り広げ、制御不能に暴れまわった。この新鮮な経験によって、内藤は開眼していった。

内藤は生粋のプロレスファンで、レスラーになる前には会場に足しげく通っていた。だからこそファンがレスラーに何を求めているのか、レスラーがどうすればファンを喜ばせることができるのか、感度の高いアンテナを持っていた。だがその目線と繊細な性格がアダとなり、日本ではファンの目ばかりを気にして、時には遠慮してしまい、時には焦って空回りするという悪循環に陥っていた。メキシコで内藤は、周りの目は気にせずに自分がどうしたいのか、自由に戦うことの大切さを学んだ。先走りそうになった時には仲間たちが「トランキーロ！」と諭してくれた。スペイン語で「焦るなよ」を意味するこの言葉を、内藤はかつての焦って失敗を繰り返した自分への戒めのように多用し、やがて代名詞へとなっていく。

後年の内藤はこう語っている。「これを日本に持ち帰らない手はない。日本に帰って僕独自の路線でやっていこうと思えたんです。でも、絶対に負けの許されない賭けでした。失敗したらもう二度と上に浮かび上がることはできないと、本当に一か八かの賭けですよね」。6月26日の三重・四日市大会で新日本マットに帰って来ると、本隊との共闘関係にありながらも自由気ままなファイトを展開した。シリーズが進むにつれてその言動は制御不能となっていき、インゴベルナブレスのTシャツを着用。入場曲が流れてもなかなか姿を現さずに観客を焦れさせた。一歩間違えれば迷走・暴走の域だったが、内藤は「トランキーロ」を決めゼリフに対戦相手、観客を手玉に取っていく。迎えた「G1 CLIMAX」では5勝4敗と結果に恵まれなかったが、7月26日広島グリーンアリーナ大会の棚橋弘至戦では新必殺技のデスティーノを初公開し勝利を収めている。技名はスペイン語で「運命」。文字通りこの技とともに、内藤は自身の運命を切り拓いていく。

メキシコに渡った内藤は、現地の人気ユニット「ロス・インゴベルナブレス」の一員として帰国。ここから内藤は一気に上昇気流に乗った（写真は帰国直後の2015年6・28後楽園ホール）

Ｇ１後に本隊から孤立した内藤は、10月12日両国大会で「パレハ（※スペイン語で仲間の意）」として投入を予告していたＥＶＩＬを仲間に招き入れる。さらに11月21日に開幕した「ワールドタッグリーグ」にＥＶＩＬとともにエントリーすると、長期欠場中だったジュニア戦士・ＢＵＳＨＩとも合流。22日豊橋大会にて、３人で「ロス・インゴベルナブレス・デ・ハポン」を発足させた。内藤とＥＶＩＬはこの年のタッグリーグで準優勝に終わったものの、結果的に下半期の新日本マットで最も高い期待感を観客に抱かせたのは「ロス・インゴベルナブレス・デ・ハポン」だった。メキシコからの帰国直後は大ブーイングも浴びた。しかし人目を気にしなくなったことでまるで呪縛から解き放たれたかのように生き生きと、制御不能に躍動する内藤の姿は、次第にファンの心を動かしていった。もしかしたら、〝これ〟は面白いんじゃないか――。内藤は一か八かの、しかし絶対に負けられない賭けに勝ったのだ。

2016
（平成28年）

中邑、AJ、飯伏が去ったリングで内藤とケニーが救世主となる！

AJが新日本を「世界一のロッカールーム」と評す

2016年1月4日東京ドームのメインイベントではIWGPヘビー級王者のオカダ・カズチカが「G1 CLIMAX」覇者・棚橋弘至の挑戦を退けて2度目の防衛に成功。年間最大興行のメインで5連勝中だった棚橋をついに打ち破り、名実ともに団体の顔となった。東京ドームのメインで2連敗中だった棚橋にその舞台で勝つことは、オカダにとって大きな意味を持っていた。「ずっと棚橋さんがドームで勝つのが続いていて、オカダが勝って『新日本プロレス、ダメになったんじゃないか？』って、そんなふうに思われることはないですけど、やっぱり『あそこでオカダが勝って新日本プロレス変わったな』『また上に行ったな』と皆さんに認めてもらえるようにしたいなと思います」と新時代の旗手として所信表明した。

しかしここから新日本プロレスを待っていたのは、まさしく激動の1年だった。東京ドーム大会から一夜明けた5日後楽園ホール大会で、最初の事件が起きる。バレットクラブのAJスタイルズ＆ケニー・オメガ組がタッグマッチで勝利を収めた直後のリング上でクーデターが勃発。ケニーがAJに片翼の天使を見舞い、ユニットからの追放を宣言した。AJは東京ドーム大会でIWGPインターコンチネンタル王者の中邑真輔に挑戦失敗したばかりだった。オカダ、棚橋とともに3強時代を築いたＡＪは、リング四方の客席に向かって深々と頭を下げて退場する。それはプロレスファンならば自ずと分かる、別れのメッセージだった。

東京ドーム大会直後から、ＡＪは世界最大団体ＷＷＥへの移籍が米国内で報じられていた。「俺は新日本プロレスのことをリスペクトしてきた…それなのに、このリングで起きたことはなんなんだ。俺は決して忘れることはない。今日、俺に起こったことを決して忘れることはない」。こう言い残したＡＪは、プリンス・デヴィットから引き継いでいたバレットクラブのリーダーの座をケニーに譲ると、この試合を最後に新日本のリングを去る。そして同月の24日（日本時間25日）にはＰＰＶ「ロイヤルランブル」で破格のＷＷＥデビューを果たし、瞬く間にトップスターに上り詰めた。

ＡＪは最後の出場となった後楽園大会後に、新日本という団体への感謝と賛辞の言葉を残している。「世界中にはいろいろなリングがあるが、どこに行ってもこの世界はギクシャクしているものだ。裏切りや足の引っ張り合いが横行している。でも新日本のロッカールームはお互いがクリーンに競い合い、時に助け合う。こんな場所は世界中どこを探してもない。ここは世界一のロッカールームだ」。筆者の個人的な印象では14年の新日本参戦当初のＡＪは、言葉や態度の節々にプライドの高そうな一面をのぞかせていた。だが時間が経つにつれて、団体や周辺メディアに心を許していったように見える。「通訳なんかいらないから、このままインタビューをやろう」と言って簡単な英語だけで取材に応じてくれたこともあった。すでにＷＷＥスーパースターの地位を確立していた18年の「レッスルマニア」に取材に行った時には、ホテルのロビーで筆者が声をかけるとわざわざ足を止めて、その場で独占インタビューの機会を作ってくれた。リングを降りれば気さくな人柄なのはもちろんだが、ＡＪが2年間の新日本での思い出をいかに大事にしてくれているかが伝わってくる出来事だった。

「中邑真輔というブランド」がWWEへ移る

業界に最大級の衝撃を与えたのは、ＩＷＧＰインターコンチネンタル王者にして長年にわたり団体を支え続けてきたカリスマ・中邑真輔の退団、そしてＷＷＥ移籍だった。中邑に世界最大団体から最初にオファーが届いたのは２０１４年のことだった。しかし当時は興味を問う程度のもので、本格的な誘いではなかった。しかし15年に入るとその勧誘はより積極的になっていく。インターコンチネンタル王座を通じて開眼した中邑の、独創的かつスタイリッシュ、デンジャラスかつセクシーなスタイルは、海外で爆発的な人気を誇るようになった。海外マットにおける新日本のアイコンは長きにわたりジュニアヘビー級のムーブメントを作った「ジューシン・サンダー・ライガー」だったが、「キング・オブ・ストロングスタイル」はそれを陵駕する存在へとなっていた。米国での大会では誰よりも大きな歓声を受けるようになった。

中邑もまた、自身のキャリアに新たな刺激を求めるようになっていた。02年のデビューから13年間、ルーキーイヤーからトップレスラーとして戦い続けた。史上最年少の23歳9カ月でＩＷＧＰヘビー級王座に就き、ＩＷＧＰヘビー級戦線を離れてからはインターコンチネンタル戦線で常識を覆す活躍を見せた。その間、暗黒時代と呼ばれていた団体はユークス体制からブシロード体制へと移行し上昇気流に乗った。今や新日本の主役は、終生のライバルとして数々の激闘を繰り広げた棚橋弘至と自分だけではない。オカダ・カズチカや内藤哲也といった後輩たちの台頭もあって、安心して後を任せることができる陣容が整った。かねて海外志向が強かった中邑は退団を決意する。15年12月24日の契約更改の席で、翌年１月末までの契約を延長しない意志を団体に伝えた。新日本もまた、中邑の決断を尊重して退団を了承した。

16年1月4日東京ドーム大会で中邑はＡＪスタイルズの挑戦を退けてインターコンチネンタル王座2度目の防衛に成功する。試合後のリング上に座り込むと、観客席に向かって深々と礼をして引き揚げた。報道陣から次に見据えるものは何かを問われると「世界、世界ですね。自分の思う、自分の目指すさらなる高み、ステージを、それを目指して生きていきたいと思ってます」と語った。抽象的な言葉ではあったが、そこに中邑の決意が込められていた。そして翌日になると米国のプロレス情報誌を発端に中邑、ＡＪ、カール・アンダーソン、ドク・ギャローズの4選手のＷＷＥ移籍の情報が流れ始める。さまざまな憶測が乱れ飛んでいたこともあり、前年から情報をキャッチしていた東京スポーツ新聞は1月7日発行の1面トップ記事で中邑の退団を先んじて報道。新日本は当初、一連の報道に対し公式見解を示さなかったが、12日になって正式に退団を発表した。新日本と契約期間中のためという理由で無言を貫いてきた中邑だが団体からの発表を受け、14日の東京スポーツで「かねてより海外志向が強く、言語を超えた表現を目指したいという気持ちからです。より世界に影響を、自分がどこまで行けるのか。新たな刺激、挑戦を求めて、ということです。新日本には（昨年）12月前には意向を伝えていました。数年悩んだ結果です。新日本プロレスで生まれ育ち、時間を共有してきたレスラーや社員を、親兄弟親戚のように思っています。家族であり、仲間だと。（団体が）上向きの今でないとできない決断でした」と胸中を明かしている。

中邑は保持していたインターコンチネンタル王座を返上し、所属ラストマッチとなった1月30日後楽園ホール大会では壮行試合が行われた。オカダ・カズチカ、石井智宏と組んで、棚橋&後藤洋央紀&柴田勝頼組と対戦。仲間とライバルに囲まれた新日本ラストマッチで、中邑と棚橋が対峙した。試合の最中、棚橋は中邑にだけ聞こえる小さい声でこうつぶやいた。「お前、米国に行っても頑張って来いよ」。直後に棚橋が張り手を見舞うと、中邑はエルボーで応戦し激しい打ち合いとなった。互いの特別な感情

インターコンチネンタル王者として唯一無二の個性を発揮してきた中邑が2016年1月末をもって新日本を退団。WWEに活躍の場を移した（写真は1月25日の退団会見）

が全てリングに落とし込まれた、極上のプロレスだった。試合は中邑のスライディング式ボマイェのアシストを受けた石井が柴田を沈め、中邑が創ったＣＨＡＯＳに凱歌が上がった。

入場時から鳴りやまぬ「真輔」コールに感無量の表情を浮かべた中邑はマイクを握り「ここで生まれ育ち、培ってきた中邑真輔を、まだ見ぬ世界にぶつけて来ます。レスラーとして生きてる限り、物語は続いていきます。だから『さよなら』は言いません」とあいさつすると、さよならのかわりに「答えはこうだ！　イヤァオ！」と絶叫。最後は代名詞とも言える「一番すげえのは、プロレスなんだよ！」という名セリフを残してセルリアンブルーのリングを去った。『あとは任せたぜ』って言えるヤツが、こんなにもいるんで、自分は潔く『行ってきます』と言えます」。感極まって涙も見せる一幕もあったが、最後は晴れやかな表情だった。

中邑のＷＷＥ入団会見は2月22日に行われ、4月1日（日本時間2日）の「ＮＸＴテイクオーバー」（テキサス州ダラス）でサミ・ゼインを相手に鮮烈なデビューを果たす。日本プロレス界が誇る最高のカリスマの待遇は破格だった。リングネームは特例とも言える本名の「シンスケ・ナカムラ」。コスチュームも試合スタイルも日本時代と変わることなく、「キング・オブ・ストロングスタイル」の異名もそのまま採用された。変更点と言えば入場曲と、ボマイェの名称が「キンシャサ・ニー・ストライク」になったことくらいで、いかに新日本時代に培った「中邑真輔」のブランドが世界標準であったかを証明していた。中邑は17年にスマックダウンに昇格すると、18年には日本人初の「ロイヤルランブル」制覇の快挙を達成。22年現在も世界トップのスーパースターとして活躍している。

飯伏もフリーに。新日本が防衛策を発動

激動はこれだけで終わらなかった。中邑が退団後の2月には、同じくＷＷＥ行きが報じられていたカー

ル・アンダーソンとドク・ギャローズも退団。新日本のタッグ戦線に欠かせなかった名タッグチームが去っていった。さらに15年10月から長期欠場中だった飯伏幸太も、所属していたDDT、新日本の両団体を退団しフリーに転向することを発表した。2月22日の会見で飯伏は「これまで通りに2団体に所属してプロレスを続けていくことに対して、気力的にも体力的にも限界を感じることとなりました。また今のスタイルでやれることはすべてやりきったという思いは正直あります。これからはこれまでにない新しいプロレスの可能性を追求していきたいという思いが強くなり、両団体に契約の解除を申し入れ、了承してもらい、自分としては両団体を卒業するという気持ちです。今後は新たなプロレスの可能性を追求する『飯伏プロレス研究所』を立ち上げていきたいと思っています」と理由を説明した。

長期欠場の理由となっていた首の負傷が完治した飯伏は、フリーとしてこれまで以上に自由にマット界を暴れまわる。古巣・DDTの3月21日両国国技館大会で復帰すると、4月には米国へ遠征し「怪獣ビッグバトル」なる怪獣とレスラーが戦うキテレツなイベントに出場。5月にはアントニオ猪木が会長を務め、当時の新日本と敵対関係にあったIGFに初参戦する。さらに6月にはWWEが開催した「クルーザー級トーナメント」にエントリーしベスト4まで進出した。実は当時のWWEから破格の条件で入団オファーをもらっていたが、飯伏はこれを断り、まさに団体と国籍の垣根を超えて活躍した。ただしもう一つの古巣・新日本には、10月10日両国大会の第0試合で飯伏に酷似したマスクマン・タイガーマスクWがリングデビューを飾ったことはあっても、飯伏本人が参戦することはなかった。

AJ、中邑、飯伏、アンダーソンにギャローズと、それぞれが世界の檜舞台で活躍することはもちろん祝福するべきことではあったが、新日本という団体として見れば主力選手の大量離脱は決して望ましいことではなかった。とりわけ中邑は02年のデビューから13年間にわたって団体を支え続けてきた特別な選手だった。団体創設者・アントニオ猪木の新日本時代最後の弟子でもあり「キング・オブ・ストロングスタイル」を名乗っていた中邑の〝流出〟は団体の歴史的観点において史上最大級の損失と言える。飯伏の例を除くこの年の主力大量離脱は新日本がWWEに次ぐ世界第2位の団体としての地位を確立したことを象徴していたが、同時に今後も選手の引き抜きが断続的に行われる可能性もはらんでいた。これを機に新日本は団体として日本人・外国人問わず主力選手の複数年契約を積極的に導入していくことになる。3月3日の大田区総合体育館大会では、フリーとして参戦していた柴田勝頼の再入団、マイケル・エルガンの入団が発表された。激動の1年のなかで、新日本は時代に合わせた変化を求められていたのだ。

「思ったことを言う」内藤にファンが喝采

まさしく新時代に突入した16年の新日本で大ブレイクしたのが、前年5月のメキシコ・CMLL遠征で開眼し「ロス・インゴベルナブレス・デ・ハポン（L・I・J）」を始動させていた内藤哲也だった。多くのレスラー、関係者、ファンが中邑をはじめとした主力選手の大量離脱に感傷的になっているなかで、内藤はただ一人その状況に異を唱えた。その矛先は1月30日後楽園大会で中邑の「壮行試合」を組んだ新日本に向けられた。「新日本プロレス的に、新日本出身の選手が海外の某団体に行くことが、そんなに誇らしいことかよ？　海外の某団体じゃなくて国内の他団体に行くって話でも、中邑を快く送り出してあげたの？　中邑真輔が新日本プロレスに貢献してきたことはもちろん知ってるよ。でも、だから何なの？　海外の某団体が巨大すぎて太刀打ちできませんって認めちゃってるわけ？　この団体は世界一のプロレス団体を目指してるんじゃないのか?」。中邑が団体の功労者なのは疑いの余地もない。しかしファンは本当にこれで全てを納得できるのか？　団体のトップ選手が他団体に事実上引き抜かれているのに、誰もが波風を立てようとしない状況で、内藤だけは現実を直視して問題提起を行った。

ロス・インゴベルナブレス・デ・ハポン結成で大ブレイクした内藤がオカダを破りついにIWGPヘビー級王座に到達。試合後には獲得したベルトを投げ捨てるなど、独自の個性を発揮(2016年4・10両国国技館)

以後も内藤は「思っていることは口に出さないと伝わらない」という信念のもと、ファンの声なき声を拾い上げ、団体の閉塞感を打ち破っていく。「春の最強戦士決定戦」を謳いながらシングル王座保持者が参戦しない「NEW　JAPAN　CUP」の意義を問いただした。オカダ・カズチカをスターにするための「2億円プロジェクト」の存在が明かされると、その矛先は当時誰も噛み付くことをしなかった木谷高明オーナーにまで向いた。不満や疑問に対して、時に正論を織り交ぜた制御不能な発言は「どうせこうなるんだろう」という未来を「いったいどうなってしまうのか」という予測不能なものに変えた。忖度とタブーなき切り口を提供する内藤の言葉は痛快で「よくぞ言ってくれた」と喝采された。「主役は俺だ」と叫ぶ声がブーイングにかき消されていた時代が嘘のように、会場では支持する声が大きくなっていく。内藤とファンの関係性の変化を、テレビ朝日の野上慎平アナウンサーはこう実況した。「夢を語らなくなった内藤に、ファンが夢を見始めている——」。

中邑やAJといった主力の離脱という〝チャンス〟を内藤は逃さなかった。この年の「NEW　JAPAN　CUP」でYOSHI-HASHI、石井智宏、矢野通、後藤洋央紀とCHAOS勢を4タテして初優勝。4月10日両国国技館大会でオカダのIWGPヘビー級王座に挑戦すると、会場からは熱狂的な「内藤」コールを浴びた。この試合で内藤は全日本プロレス、WRESTLE-1で活躍した真田聖也改め「SANADA」をL・I・Jの4人目のパレハとして介入させると、粘るオカダの反撃も完封。レインメーカーにカウンターのデスティーノをサク裂させて3カウントを奪ってみせた。

かつて憧れた武藤敬司や棚橋弘至のような、正攻法のアプローチではなかったかもしれない。しかし内藤はL・I・Jで自分だけのオリジナルのスタイルを確立し、デビュー10年目にしてついにプロレス界の最高峰・IWGPヘビー級のベルトにたどり着いた。しかし試合後のリング上では仰天の行動に出る。憧れ続けたはずのIWGPヘビー級のベルトを、なんとその場で放り捨てて堂々と丸腰で退場してしまったのだ。「言ったでしょ？　今、新日本プロレスで一番美味しいのは、俺と絡むことだ。いつの間にかさ…俺はＩＷＧＰを目指してたんだけど、逆にＩＷＧＰから俺を追いかけてくるようになった。そんな状況にいつの間にかなっちまった。ＩＷＧＰのベルトから俺に歩み寄ってきた」。どれだけ追いかけても届かなかったベルトが、追いかけるのをやめた途端に自分の元にやってきた。苦悩と葛藤を乗り越えた男は、混乱の時代に求められる存在になったのだ。

内藤の快進撃は止まらなかった。5月3日福岡国際センター大会では石井の挑戦を退けて初防衛に成功。6月19日大阪城ホール大会でオカダにリベンジを許してＩＷＧＰヘビー級王座から陥落し「Ｇ１ ＣＬＩＭＡＸ」でも優勝を逃したが、下半期に再び上昇気流に乗る。9月25日神戸ワールド記念ホール大会ではＩＷＧＰインターコンチネンタル王者のマイケル・エルガンを破って、同王座初戴冠も果たした。1月にかつての絶対王者・中邑が返上した白いベルトは、新たなるカリスマの手に渡ったのだ。内藤は試合後のリング上で当然のようにベルトを高く放り投げて置き去りにして行ってしまったが…。

常に話題を振りまき続けた内藤の人気は他を寄せ付けず、会場にはＬ・Ｉ・Ｊのグッズを身につけたファンが大挙押しかけた。文字通りのＬ・Ｉ・Ｊ旋風を巻き起こしたことが高く評価され、この年のプロレス大賞でも文句なしのＭＶＰに初選出された。同賞は２０１１年から6年間、棚橋とオカダの２選手が独占していた。「それはＩＷＧＰヘビー級王座にしてもそうでしょ？　ほとんど決まったメンバーで、常にまわっていたと。結果的に風穴をあけましたけど、風穴程度じゃないですよ、今回のＭＶＰは。これから2人は俺を追いかけてくることとなるでしょ。『しっかりついてきなさいよ』って感じですね」。主力選手の大量離脱という団体の〝救世主〟となった内藤は、この年を機にプロレス界の新たな主役としての地位を確立させていく。

オカダvs内藤が新たな黄金カードに

団体が激震に見舞われた16年は、エースのオカダ・カズチカを大黒柱として成長させる側面も持っていた。主力の大量離脱はオカダにとってもショックの大きかった出来事に違いない。ＡＪスタイルズというライバル、中邑真輔という兄貴分が同時期に新日本を去ってしまったのだ。１月30日の後楽園大会で行われた中邑の壮行試合で最後の共闘を終えたオカダは、試合後のリングで人目をはばからず涙し、尊敬する先輩との別れを惜しんだ。

しかし団体を牽引する存在として、ＩＷＧＰヘビー級王者としていつまでも感傷に浸っているわけにはいかない。オカダは２月11日エディオンアリーナ大阪大会で後藤洋央紀を迎え撃つと、レインメーカー３連発で３度目の防衛に成功。試合後のリング上では後藤をＣＨＡＯＳに勧誘する。変化を望む後藤への提案は、その実力を認めているからこそだった。レインメーカー３連発は、14年の「Ｇ１ ＣＬＩＭＡＸ」優勝決定戦（西武ドーム）で中邑を相手に初披露した、特別な相手にしか繰り出さないフィニッシュ。オカダはあえてそれを繰り出した。これを受けて後藤は３月の「ＮＥＷ ＪＡＰＡＮ ＣＵＰ」で準優勝に終わった後、ＣＨＡＯＳへの加入を決断する。

そして大阪のリング上でマイクを握ったオカダは〝レインメーカー流〟の言葉でかつての戦友たちに別れを告げた。「先月（新日本を）辞めた人がこう言ってたよ。『一番すげえのはプロレスなんだよ』。…違う。ちょっと違うな。一番すげえのは！　新日本プロレスなんだ！　新日本プロレスで一番すげえのはこの俺だ！　まだまだ俺がプロレス界を盛り上げて、この新日本プロレスにカネの雨が降るぞ！」。中邑の名言をあえて引用し、オカダは己の矜持を示した。「２人（中邑とＡＪ）は〝楽な方〟に行ってしまったのかなと。それは僕という壁があるから行ってしまったのかもしれないですし」と、持ち前のビッグマウスで残ったレスラーたちとスタッフとファン、そして去っていった者たち全員を安心させることが、オカダの役目だった。

オカダは4月10日両国国技館大会で内藤哲也に敗れベルトを失うが、6月19日大阪城ホール大会でリベンジに成功。第65代IWGPヘビー級王者に返り咲いた。どちらの大会も超満員の観衆を動員し、熱狂的な盛り上がりを生んだ。かつて「棚橋vs中邑」に東京ドームのメインを奪われ苦汁をなめさせられた「オカダvs内藤」のライバル対決は、押しも押されもせぬ新日本の新たな黄金カードとなったのだ。そしてオカダは大阪城のリングで、マネージャーの外道が不在のままマイクを握り、大会を締めくくった。「レベルが違うんだよ」という外道の代名詞も自らの口で代弁した。自分の言葉で語り、自分の意志で動く。これまで有能な外道というマネージャーによって支えられてきたオカダは、この年を境に自立したレスラーとしての道を歩み始めていた。そしてそれは新時代の絶対王者の誕生の瞬間でもあった。IWGPヘビー級王者としての「G1 CLIMAX」制覇こそ逃したものの、10月10日両国大会ではNOAHの丸藤正道を相手に初防衛に成功。2年連続でIWGPヘビー級王者として翌年1月4日東京ドーム大会への出場を確定させた。

ケニーがG1初優勝後に本音を吐露

内藤哲也と同じく主力選手大量離脱を「チャンス」と捉えていたのが、AJスタイルズを追放して3代目のバレットクラブのリーダーに就任したケニー・オメガだった。2月14日アオーレ長岡大会で、中邑真輔の返上に伴って行われたIWGPインターコンチネンタル王座決定戦に出陣。中邑の思いを背負った棚橋弘至と激突すると、片翼の天使で勝利を収め新王者に輝く。この一戦で名実ともに新たな最強外国人となった。さらに2月20日後楽園大会ではマット・ジャクソン、ニック・ジャクソンの「ヤングバックス」とともにNEVER無差別級6人タッグ王座も獲得。ケニーとヤングバックスはバレットクラブ内のチームとして「ジ・エリート」を名乗るようになる。

ケニーは6月19日大阪城ホール大会でマイケル・エルガンとのラダーマッチに敗れてインターコンチネンタル王座を手放したものの、真夏の祭典「G1 CLIMAX」で破竹の快進撃を続けた。エルガン、柴田勝頼、YOSHI-HASHIに敗れながらも、永田裕志、本間朋晃、矢野通、内藤哲也、EVIL、中嶋勝彦から勝利を収め6勝3敗でBブロックを突破。特に内藤との最終公式戦（8月13日、両国）は年間ベストバウト級のハイレベルな攻防の連続となり、ケニーの出世試合の一つとして記憶されている。

そして8月14日両国国技館大会のG1優勝決定戦で後藤洋央紀と激突したケニーは、己の持てる全て、いやそれ以上のものを出して戦った。中盤にはかつての盟友・飯伏幸太の必殺技であるシットダウン式ラストライドからフェニックス・スプラッシュを投下。これは間一髪で回避されてしまうものの、後藤の昇天・改をカウント2で返すと再び攻勢に出る。バレットクラブ初代リーダーのプリンス・デヴィットの必殺技ブラディサンデーから、2代目リーダーAJスタイルズのスタイルズクラッシュを発射すると、最後は自身の必殺技である片翼の天使で激闘に終止符を打った。ケニーは試合後に「失った仲間のことも忘れることができない。アイツらがいなければ俺はここまで来られなかった。これは俺の勝利ではなく、バレットクラブの勝利だ」と振り返っている。自身の手で追放したAJに対しても、最大級のリスペクトを持っていることは誰の目にも明らかだった。

初出場初優勝にして、大会史上初の外国人選手によるG1制覇という偉業を成し遂げた。ケニーは試合後のリングで、バレットクラブ加入後は封印していた日本語を解禁してファンにメッセージを送った。「日本は俺のホーム。新日本は俺のホーム。だから…〝そっち〟、行かない。グッバイ&グッナイ!」。

ケニー・オメガがG1に初出場初優勝、しかも史上初の外国人優勝という快挙を成し遂げた（2016年8・15両国国技館）

固有名詞を避けてはいても「そっち」とは、この年に主力選手がこぞって移籍した世界最大団体・WWEであったことは誰もが理解していた。ケニーもまた、同団体からたびたびオファーを受けていたが、これを断っていた。あえて日本語を使ったのは、不安な思いが続いていた新日本のファンを安心させ、そして世界中のプロレス関係者にも自身の決意を伝えようと思ったからだ。

その一方で、この年の2月に新日本を退団し、別々の道を歩んでいた飯伏の技を優勝決定戦中に使用したことについて質問を受けると「ノーコメント」を貫いたが、翌日に真意をこう明かしている。「08年にDDTに初来日してから実に8年。ついにつかんだ栄冠を支えていたのは、遠い異国で出会った唯一無二の盟友への思いだった。（中略）だからこそこの日、飯伏に伝えたいことがあった。『2つのメッセージをアイツに伝えてほしいんだ。まずは、新日本プロレスが世界で一番の場所だということだ。俺はまだ進化してるし、頑張ってる。そしてもう1つ。今日、ようやく俺はお前を超えた。一人は…さびしいじゃないか。だから、この場所で待っている』（中略）こよなく日本を愛してきた一人の外国人レスラーのジャパニーズドリームはこの日、ひとまず完結した。しかしこれが終わりではない。次は飯伏との再会というドラマチックな夢を胸に、ケニーは新日本のリングの頂点で戦い続ける」（8月15日発行、東京スポーツ）。

盟友の背中を追いかけて新日本にやってきた。しかしケニーがトップに立った新日本のリングに飯伏の姿はなかった。それでも自分の実力を証明するため、新たな時代を築くため、友の帰りを待つために極限まで肉体を追い込んで戦い続けた。ケニーは9月22日広島大会でYOSHI-HASHIを、10月10日両国国技館大会で後藤をそれぞれ権利証争奪戦で下し、翌年1月4日東京ドーム大会でIWGPヘビー級王者オカダ・カズチカに挑戦することになる。年間最大興行のメインイベントに外国人選手が立つのは、06年大会のブロック・レスナー以来実に11年ぶりのことだった。

後にケニーは16年のことをこう振り返っている。「今しかない、ついに俺のベストを出す時が来たと思った。あの時は新日本から選手が抜けて、みんなが落ち込んでいたことがショックだった。そんなにAJや真輔が全てだと思っているのか？　本当に世界のベストがAJと真輔？　違う。本当のベストは俺と飯伏だ。内藤もすごく頑張っていた。そこに頑張っている人がいるなら、それはピンチじゃない。それはもう、違う時代の到来だ。これからの時代のほうが面白いんだよということを見せたかった」。

激動の1年は、内藤とケニーという新しいスターを生んだ。この新陳代謝こそが、黄金期再来と呼ばれた新日本の選手層の厚さを物語っていた。

2017
(平成29年)

内藤が自由気まま・制御不能の言動で、「新日本の主役」の夢をついに叶える！

オカダvsケニーは海外のファンも魅了

２０１７年1月４日東京ドーム大会のメインイベントは、ＩＷＧＰヘビー級王者オカダ・カズチカと「Ｇ１　ＣＬＩＭＡＸ」覇者ケニー・オメガによる頂上決戦となった。前年まで6年連続でメインイベンターを務めていた棚橋弘至は、セミファイナルでＩＷＧＰインターコンチネンタル王者・内藤哲也に敗北。激動の16年を経て、新日本の勢力図が大きく変化していることを象徴したような大会と言えた。

果たしてオカダとケニーによる一戦は、新時代への突入を強く印象付ける壮絶な死闘となった。互いに高い身体能力と抜群のプロレスセンスを持つ両雄は、ハイレベルな攻防を展開。ケニーの雪崩式ドラゴン・スープレックス、リバース・フランケンシュタイナー、Ｖトリガー（ランニングニーアタック）といった怒とうの猛攻にさらされながらも、オカダは驚異的なタフネスで3カウントを許さない。レインメーカーを巡る高度な読み合いの末に、ケニーが狙った片翼の天使を切り返すと旋回式のツームストーン・パイルドライバーを発射。ついにレインメーカーをサク裂させて3カウントを奪ってみせた。実に46分45秒に及んだ死闘は、長い歴史を誇る「1・4ドーム」のなかでも屈指の名勝負となり、この年のベストバウトに選出された。同賞に関しては一般的に年間の後半に行われた試合の方が、関係者・

王者・オカダvs挑戦者・ケニーのIWGPヘビー級王座戦は、46分45秒に及ぶ大激闘となった(2017年1・4東京ドーム)。この試合は年初の試合にもかかわらず、この年のプロレス大賞ベストバウトを受賞

ファンの記憶が鮮明なため選考の上で有利とされている。その常識を覆すほど傑出したクオリティを残した2人のＩＷＧＰヘビー級王座戦は、国内はもちろん海外でも高い評価を得た。そしてそれは、後の新日本の海外戦略にも大きな効果をもたらした。

激闘を制したリング上でオカダは、自身の代名詞でもある「3つ言わせてください」の最後にこう言い残した。「特にありません…と言いたいところだけどな。俺はな、新日本プロレス背負ってるんだよ。かなり重いけど！　俺は背負っている。でもな！　まだまだ背負える。もっともっと新日本プロレスを大きくしてやるからな！」。前年に主力選手が大量に米国・ＷＷＥに移籍した出来事は、世界最大団体と、それを追う団体の立ち位置の違いを残酷なまでに鮮明に映し出していた。だからこそオカダは自身が新日本を背負い、世界と戦っていく覚悟を表明した。

この日の大会の観衆は2万6192人。主力選手大量離脱という窮地を乗り越えて、株式上場を目指すために実数厳守の発表に切り替えた前年16年の2万5204人という数字を上回っていた。そして何よりもオカダとケニーの鬼気迫る戦いぶりは、多くの海外のファンを魅了した。ＷＷＥに移籍した中邑真輔やＡＪスタイルズが同団体で高い評価を得ていったこともあって、新日本のリング上のレベルの高さは自ずと注目度を高めていった。

そしてその中心に立つオカダは、絶えず変化していく新日本のリングの中で、これまで以上に絶対的な存在へと昇華していく。東京ドーム翌日の1月5日後楽園大会では、15年からＮＯＡＨを主戦場としていた鈴木みのる率いる「鈴木軍」が新日本に再上陸する。しかしオカダは2月5日北海道・北海きたえーる大会で鈴木の挑戦を退けて3度目の防衛に成功。さらに3月6日大田区総合体育館大会で行われた団体の「旗揚げ45周年記念試合」では、リング内外で話題を集め、かつ飯伏幸太に酷似していたタイガーマスクＷとのスペシャルシングルマッチを実現させて勝利した。その盤石の強さは、オカダ一強時代の到来さえ予感させた。

高橋ヒロムの台頭でジュニアも黄金時代再来へ

この年の1月4日東京ドーム大会は一人のニュースターを生み出した。IWGPジュニアヘビー級王座戦でKUSHIDAを破り、いきなり新王者に輝いた〝タイムボム〟高橋ヒロムである。ヒロムは09年に受験した二度目の入門テストで念願の合格を果たして入門。格闘技経験がなかったこともあって、道場の練習についていけずに何度もクビの危機に陥った。しかしこの時に「俺でよければプロレス教えるよ」とコーチ役を買って出たのが内藤哲也だった。内藤の教えを受けて成長したヒロムは、無事に10年8月にデビュー。12年と13年に「ベスト・オブ・ザ・スーパージュニア」出場を果たすと、同年6月から海外武者修行に出発した。

英国、メキシコ、米国と渡り歩き、実に約3年半にも及ぶ武者修行から凱旋帰国したのは16年11月のことだった。そして12月にはかつての師匠・内藤が率いる「ロス・インゴベルナブレス・デ・ハポン」に加入する。ド派手なコスチューム、奇想天外な発言、そして危険を顧みない怖いもの知らずなファイトスタイルは、新日本マットの中でもひときわ強烈な個性を放っていた。

凱旋一発目のタイトルマッチ、しかも東京ドームの大舞台で憧れのIWGPジュニアヘビー級ベルトを巻いた。ヒロムは「笑いが止まらないよ。最高だよ。夢にまでみた瞬間だよ。ここからだ。ここから始まるんだ。俺はこのベルトを取るために、この新日本プロレスに入った。そしてゴールデンタイムでプロレスの試合をするという夢を叶えるために、いま頑張ってきてる。このベルトと一緒に、俺は始まっている。もっといろいろな選手、来てくれよ。もっと、もっと、もっと、もっと〜！　俺を楽しませてくれよ」と、ジュニアヘビー級の新時代幕開けを宣言した。

さらにヒロムは2月11日のエディオンアリーナ大阪大会でメキシコ遠征時代のライバルだったドラゴン・リーと壮絶な試合を展開。デスヌカドーラを浴びながらも、カナディアンデストロイヤー、コーナーへのデスバレーボムで逆転し必殺のTIME BOMBで初防衛に成功した。ドラゴン・リーとのライバル物語は、この後も新日本マットで数々の名勝負を生み出していく。

ヒロムはその後も快進撃を続け、3月6日大田区総合体育館大会では田口隆祐、4月9日両国国技館大会では前王者のKUSHIDA、4月29日大分・別府大会ではリコシェの挑戦を退けて4度の防衛に成功した。6月11日大阪城ホール大会で「ベスト・オブ・ザ・スーパージュニア」を制したKUSHIDAの再挑戦に敗れベルトを手放したものの、凱旋帰国からわずか半年で確固たる地位を確立し団体屈指の人気者となった。

ヒロムが一躍トップに躍り出た新日本のジュニアヘビー級戦線は、1990年代の黄金期再来を予感させる個性豊かでハイレベルなメンバーが揃い始めていた。KUSHIDA、田口、獣神サンダー・ライガー、タイガーマスク、BUSHIなどこれまでのジュニア戦線を牽引してきた面々に加え、14年に凱旋帰国していたエル・デスペラードも鈴木軍の新日本再上陸によって戻ってきた。前年6月に「ベスト・オブ・ザ・スーパージュニア」初出場初優勝を果たしたウィル・オスプレイに、後にWWEで活躍するリコシェといった世界屈指のハイフライヤーが常連選手として定着。ジュニアタッグの世界的名手ヤングバックス（マット・ジャクソン&ニック・ジャクソン）が属するバレットクラブにはこの年の5月にマーティ・スカルが新加入した。さらに10月9日の両国国技館大会では「ROPPONGI 3K」としてYOHとSHOも凱旋帰国を果たす。ヘビー級に負けず劣らず、ジュニアヘビー級の戦いも海外で高い注目を集めるようになっていった。

高橋ヒロムが凱旋帰国第1戦でKUSHIDAを破りIWGPジュニアヘビー級王座初戴冠。ヒロムは一躍、新日本ジュニアの顔に躍り出た（2017年1・4東京ドーム）

柴田が見せつけた「男の生きざま」

この年の新日本プロレスで特筆するべき活躍を見せたのが柴田勝頼だった。前年からNEVER無差別級王座と英国・RPW（レボリューション・プロレスリング）のブリティッシュヘビー級王座を獲得するなど、ハードスケジュールをものともせずに国内外で激闘を展開。だがこの年の1月4日東京ドーム大会で後藤洋央紀に敗れNEVER無差別級王座を失うと、3月6日大田区総合体育館では試合中に鈴木みのるが乱入するという暴挙の末、ザック・セイバーJr.にブリティッシュヘビー級王座を強奪されてしまう。ザックはこの試合を機に鈴木軍入りを果たし、後の新日本ヘビー級に欠かせない存在となっていく。

2本のベルトを失い丸腰になってしまった柴田だったが、迎えた春のトーナメント「NEW JAPAN CUP」で〝男の根性〟を見せる。1回戦で鈴木との因縁マッチを制すると、2回戦でジュース・ロビンソン、準決勝で石井智宏を撃破。3月20日新潟・アオーレ長岡大会で行われた優勝決定戦では渾身のPKでバッドラック・ファレを沈めて初優勝を飾った。これまでのプロレス人生でトーナメントやリーグ戦の類に無縁だった男が、ついに頂点に上り詰めた。試合後のリング上でマイクを握った柴田は、迷うことなくIWGPヘビー級王者オカダ・カズチカへの挑戦を表明した。

柴田にとってオカダとのIWGPヘビー級戦は「約束」の一戦だった。14年2月の大阪大会で、後藤洋央紀を相手にIWGPヘビー級王座を防衛したオカダに次期挑戦者として名乗りを上げるも「目の前に立てば挑戦できるようなベルトじゃない。挑戦したいなら『NEW JAPAN CUP』で優勝してから来い」と拒否されていた。3年の月日がかかったが、己の力で最高峰のベルトへの挑戦権を勝ち取った。そして約束を果たしたからこそ、挑戦を拒否された当時から抱いていた思いを明かした。「『いつなんどき、誰の挑戦でも受ける』。時代が変わって、いいこともあるけど、忘れちゃいけない部分はあると思ってますよ。IWGPが新日本プロレスの象徴であるならば、その精神は忘れてはいけないと思う。全否定はしないけど（オカダは）過保護すぎやしないかって」。ヘビー級のシングルベルトが増えた影響もあってか、近年のIWGPヘビー級戦線はメンバーが固定化されていた印象が強く、かつ年間の王座戦回数も減少していた。そんななかで意を決した自身の挑戦表明を却下された出来事は、アントニオ猪木から受け継がれてきた伝統の精神に逆行するものだったのではないかという問題提起だ。

「NEW JAPAN CUP」を優勝するまでその思いを口にしなかったのは、柴田というレスラーの生きざまを表していた。優勝一夜明け会見ではオカダのことを「マスクマンみたい」とも評した。「リングで『レインメーカー』というプロレスラーだけをやってるんですよ。素の部分のオカダってあまり見せないじゃないですか。感情というか。仙台の試合（13年G1公式戦）で少し見えた気がしたんですよね。実際ほかの試合とは違う表情だったので。仮面を引っぺがしたいですね。今のプロレス界で、それができるのは俺だけな気がします」と言い切った。挑発的にも聞こえるが、すべてはオカダという時代を代表するレスラーの実力を認めているからこその発言だった。04年7月の藤田和之戦以来、実に13年ぶりのIWGPヘビー級戦を前に、柴田はオカダに対してこう宣戦布告した。「あいつが今のプロレスの象徴だからこそ、自分がやってきた18年間のプロレスをぶつけたい」。

そして迎えた4月9日両国国技館大会でのタイトルマッチは、互いの信念をぶつけ合う戦いとなった。旗揚げメンバーの柴田勝久を父に持ち、昭和の時代から脈々と受け継がれてきた新日本の伝統を重んじる柴田と、現代プロレスの申し子とも言えるオカダ。異なる価値観を持つ両雄は、38分を超える死闘を繰り広げた。柴田はオカダの変型レインメーカーを浴びながらも仁王立ち。ヘッドバットで反撃すると、レインメーカー式の張り手、強烈なキックで王者を追い詰めていく。しかしPKを狙ってロープに走ったところで手首を掴まれ強引に引き寄せられると変型レインメーカーで逆転を許す。なおも手首を離さないオカダに追撃のレインメーカーを連発されてついに3カウントを奪われてしまった。敗れはしたものの柴田が見せつけた男の根性は観客の胸を打ち、まさに18年間磨いてきた己のプロレスの集大成を見せたと言っても過言ではなかった。

しかしこの試合後、柴田はコメントスペースに現れることが出来ずにバックステージで倒れ込んでしまう。病院に緊急搬送されると、急性硬膜下血腫と診断され緊急手術が行われた。手術は無事に成功したものの、レスラー人生の危機に立たされることになる。ファンから心配の声が上がるなか、柴田は8月13日の両国大会に来場し「生きてます！ 以上！」とマイクアピールを行った。「大丈夫かと聞かれると、なんと答えたらいいのか分からない。生きています。春の両国で倒れてから、まだ控室に帰る前に倒れてしまったので、今日はしっかり控室に帰ろうと思います。前を向いて、一歩一歩、時間がかかるとは思いますが、最善を尽くして全力で戦っていきたいと思います」。

過去の事例を見ても、開頭手術を行った柴田の競技復帰は絶望的と見られていた。しかしリハビリを経て18年に米国・LA道場のコーチに就任すると、柴田は復帰を目指したトレーニングを再開する。そして21年10月の日本武道館大会でザックとのグラップリングルールの試合でリングに復帰すると、レスラーとして22年1月4日東京ドーム大会に出場し愛弟子・成田蓮と対戦。当初は打撃なしのキャッチレスリングルールが予定されていたが、試合当日に通常ルールに変更し奇跡の競技復帰を果たした。ザ・レスラーは不屈の闘魂で、自分が生きるべき場所に帰って来た。

なお柴田はこの年のプロレス大賞で実働期間3カ月強ながら敢闘賞を獲得している。「華やかなスタイル中心の新日本マットにイデオロギー闘争を持ち込んだ」「全身に漂う昭和のストロングスタイルの香りは他の追随を許さない」などの声が選考委員から相次ぎ「年間を通じての活躍」という選考基準を根底から覆したのだ。

柴田戦をきっかけにオカダがさらに一皮むける

柴田勝頼が試合中に大ケガを負った出来事は、対戦相手のIWGPヘビー級王者オカダ・カズチカにとっても重大な意味を持った。4月9日両国国技館大会での王座戦から一夜明けた10日の会見に出席すると「それだけの激しい試合だったと思いますし。僕は柴田さんは〝バカ真面目〟な人だと思ってますんで。約束すれば約束は守ろうとしてくれると思いますし。『またやりましょうよ』って約束をここでしますので、しっかり守ってくださいよと言いたいですね」と、神妙な面持ちで語った。

この年の新日本マットでは3月3日沖縄大会で本間朋晃が試合中に首を負傷。緊急搬送され中心性頸髄損傷と診断されており、主力選手の大きなケガが相次いでいた。プロレスは一歩間違えれば大ケガにつながる、危険と隣り合わせの競技だ。もちろんプロレスラーであれば誰もがその覚悟を持ち、それを避けるために日々過酷なトレーニングを積んでいる。しかし〝安全な技〟など一つもなく、お互いが全力で戦うからこそアクシデントや負傷をゼロにすることは不可能だ。

ビッグマッチのメインイベント、団体最高峰のタイトルマッチで自身の対戦相手に悲劇が起きた。オカダは後になって、当時の苦しみと、柴田との絆について明かしている。「『どうしたらいいんだろう…』と。周囲からは気にするなと言ってもらってましたが、あのころは本当に、プロレスが怖かった」と当時を振り返るオカダの苦悩を救ったのは、病床の柴田からのメッセージだった。4月末に菅野洋介トレーナーを通じ『ケガのことは気にするな。常にそういうものだと思って試合をしているから。何も後悔していない。ちゃんと生きているから大丈夫。お前も頑張れ』と伝えられたのだ。柴田がレスラーと連絡を取るのは負傷後初めてのことだったが、その言葉はオカダを気遣う男気に溢れていた。『柴田さん本人に言われて本当救われたし、色々考えました。言葉にはしづらいんですけど、プロレスとの向き合い方も変わりましたね。レスラー人生のターニングポイントになっていると思います』。以後のオカダは自ら団体と交渉し、移動方法やイベント出演報酬にいたるまで、所属レスラーの待遇改善にも務めるようになった」（2018年1月5日、東京スポーツ）。

「お前も頑張れ」。絶望の淵にいたはずの柴田からの激励は、オカダを奮い立たせた。5月3日福岡国際センター大会でバッドラック・ファレを下し5度目の防衛に成功したリング上で、オカダはマイクを握った。「今日は言わせてください。IWGPの戦いはキツイです。みんなが、全レスラーがこのベルトを目指すからこそ、ケガをする人も出ます。でも！　プロレスラーは超人です！　どんな技を食らっても立ち上がります！　最後まで諦めないのがプロレスラーです！　これからも全力で戦って、皆さんに素晴らしい戦いを見せて行くからな！」。

人間としてもまた一つ大きくなったオカダはさらに快進撃を続けた。6月11日大阪城ホール大会ではケニー・オメガを再び迎え撃ち、60分フルタイムドローの死闘の末に防衛に成功。7月1日（日本時間2日）には米国・ロサンゼルスにて元WWE戦士のCodyを下し、IWGPヘビー級の戦いをプロレスの本場で披露する。観戦に訪れたWWE元スーパースターのストーンコールド・スティーブ・オースチンからも「本当にグッドレスラーだ。素晴らしい。どこにいてもトップレスラーだ」と最高の評価を得た。

「G1　CLIMAX」こそ優勝を逃したものの、10月9日両国国技館大会ではEVILの挑戦を退けて8度目の防衛を達成し、橋本真也が持っていた同王座の最長保持記録「489日間」を更新する。進化が止まらないレインメーカーは、歴史に残る名王者としての道を順調に歩んでいた。

ジェリコ参戦に世界中が震撼

1月4日東京ドーム大会での敗戦と、6月11日大阪城ホール大会での60分時間切れ引き分けというオカダ・カズチカとの2度の死闘によって、ケニー・オメガは「ベストバウトマシン」の名を不動のものとした。この年2度目のオカダとの激突は、前回の戦いを超える激しい攻防の連続となった。片翼の天使とレインメーカーを巡る高度な読み合い、実に60分もの長時間にわたって互いに譲らない意地の張り合いは、世界中のプロレス関係者とファンから極上の評価を得た。IWGPヘビー級のベルトに手は届かなかったものの、ケニーは誰もが認める世界トップレスラーとなっていった。

さらにケニーは7月1日&2日（日本時間2日&3日）の米国・ロサンゼルス州のロングビーチ・コンベンションセンター大会2連戦で行われた「IWGP USヘビー級王座初代王者決定トーナメント」に優勝し、同王座の初代王者に輝く。US王座は米国でのビッグマッチとして行われたロス大会の開催に伴って新設されたベルトで、読んで字のごとく米国を意識したものであることは誰の目にも明らかだったが、理念そのものに関する説明は特になかった。新日本のシングルタイトル乱立に否定的な声が散見されるのは、こういったあたりが一因ともなっている。しかも新日本内にはすでに海外戦略を意識したIWGPインターコンチネンタル王座があるため、どのように差別化を図るのかは疑問視されていた。

しかしそれは裏を返せば、US王座には自由な選択肢と無限の可能性を秘めていることを意味していた。ケニーは9月24日神戸ワールド記念ホール大会でジュース・ロビンソンを相手にV1に成功すると、10月15日（日本時間16日）には米国・ROHのシカゴ大会でYOSHI-HASHIを下しV2。さらに11月5日エディオンアリーナ大阪大会ではバレッタの挑戦を退けて、盤石の政権を築き上げた。

そして飛ぶ鳥を落とす勢いのケニーが持っていたUS王座は、一人のレジェンドを引き連れてくる。大阪大会でのバレッタ戦後に場内ビジョンで流れたVTRで新たに王座挑戦を表明したのは、何とクリス・ジェリコだった。世界的なビッグネーム2人の王座戦は、翌年1月4日東京ドームという日本最高峰の舞台での実現が決定した。

キャリア初期をFMWやWARといった日本の団体で過ごしたジェリコは、WCWを経て1999年にWWE（当時はWWF）に入団。2001年には史上初のWWE&WCW統一王者となり、名実ともに世界のトップレスラーとなる。17年当時はフリー契約となっていたが、現在進行形のWWEスーパースターの新日本マット電撃登場は世界中に大きな衝撃を与えた。ジェリコは新日本参戦、そしてケニーとの試合の実現に動いた理由について「これはドリームマッチだからだ。ファン、業界、自分…すべてに利点がある。この試合は今がベストのタイミングだ。世界最高で歴史に残るレスラーの対戦であり、2人とも日本でキャリアを積み上げてきた男だ。もしも試合を見逃したら、後で泣くほど後悔することになると思うよ」と説明。同年8月に米国で実現していたボクシング元5階級制覇王者フロイド・メイウェザーとUFC2階級制覇王者コナー・マクレガーの試合にインスパイアを受けたとも明かした。

ジェリコという超大物を呼び寄せたケニーにとって、もう一つ大きな意味を持っていたのがこの年の「G1 CLIMAX」だった。かつての盟友で別々の道を歩んでいた飯伏幸太が「カミゴェ」（変型ニーアタック）という新必殺技を引っ提げて、「飯伏プロレス研究所」所属ながらついに新日本マットに復帰を果たしたのである。ケニーは「なぜ今、戻ってきたのか。それはリングの上で直接本人に聞きたい。とりあえず、俺は決勝戦で待っていると約束したい。飯伏がいない間に一番強くなったのはこの俺だ。その姿を見せてあげたいね。連覇というものはもちろん大事なんだけど、この約束は俺の男のプライド、名誉にかけて守りたいんだ」と、別ブロックにエントリーされた飯伏にメッセージ。その言葉通りにB

ブロック1位通過を決めたが、8月13日両国国技館大会の優勝決定戦で対角線に立っていたのは飯伏ではなく内藤哲也だった。激闘の末に内藤に敗れ、連覇を逃したケニーはバックヤードで待っていた飯伏に顔を近付けると、小さい言葉で会話を交わしたあとで体を振り払い、ヤングバックスとともに控室へと歩いて行った。すれ違いを続けた「ゴールデン☆ラヴァーズ」の物語は、少しずつではあったが再び動き始めていたのである。

内藤が4年前と異なり、G1を見事踏み台に

多くのドラマが生まれた17年の新日本マットだったが、主役は前年に引き続いて内藤哲也だった。IWGPインターコンチネンタル王者として迎えた1月4日東京ドーム大会で棚橋弘至の挑戦を退け2度目の防衛に成功すると、2月11日エディオンアリーナ大阪大会ではマイケル・エルガン、4月29日大分大会ではジュース・ロビンソンをそれぞれ下して順調に防衛ロードを歩む。しかしその一方で連覇を狙って出場を要望した「NEW JAPAN CUP」への参戦を、挑戦選択権対象のベルト保持者だからという理由から却下されるなど、王者であるにも関わらず発言権が弱い現実に対して徐々に不満を募らせていった。

その不満は5月に入って爆発する。東京ドーム大会で退けたはずの棚橋の再挑戦を内藤は拒絶していたが、団体は6月11日大阪城大会での両者の再戦を発表。にもかかわらず棚橋は右腕の負傷により直前のシリーズを欠場してしまい、前哨戦が消滅してしまう。さらに問題となったのは、インターコンチネンタル王座との明確な差別化を図る説明が皆無のまま新設が発表されたUS王座の存在だ。内藤は「新日本は一体いくつタイトルを作れば満足するんだよ。インターコンチネンタル王座、王者なのに何の発言権もないし、同じ理念のベルトが今回新しくできてしまったんでしょう？　もしかしたらインターコ

ンチネンタル王座って必要ないのかもしれないね」と、その存在価値を疑問視。5月18日後楽園ホール大会から、何とベルトをコーナーポストに投げつけるなどの〝破壊行為〟をスタートさせる。

王者がベルトを壊し始めるという前代未聞の行動は、ファンの賛否と棚橋の怒りを呼んだ。それでも内藤の発言はさらにエスカレートしていき、大阪城で棚橋に勝利した場合はインターコンチネンタル王座を封印すると宣言した。その是非はともかくとして、内藤と棚橋のインターコンチネンタル王座を巡る対立構造は、より鮮明に、よりドラマティックになった。くしくも「王座封印」は16年まで同王座の象徴として君臨した中邑真輔が過去に他王座に対して行ってきた手法と重なる。内藤は「かつてのライバルの築いた歴史を消されたくなかったら、俺に勝つしかない。その思いも背負って（大阪城に）出てくればいいんじゃない？」と、棚橋を挑発した。結果的には棚橋に敗れてベルトを封印できずに手放すことになったが、この抗争は大きな注目を集め、ファンはより内藤の一挙手一投足から目が離せなくなっていく。こと「試合を盛り上げる」という観点のみにおいては、内藤の完勝だったと言ってもいいかもしれない。

大ブレイクを果たした16年から内藤の勢いは一向に衰える気配を見せず、それどころかさらに加速していった。真夏の祭典「G1 CLIMAX」でAブロックにエントリーすると石井智宏、バッドラック・ファレには敗れたものの棚橋弘至、真壁刀義、永田裕志、飯伏幸太、後藤洋央紀、YOSHI-HASHI、ザック・セイバーJr.から勝利を収め7勝2敗で1位突破。8月13日の両国国技館大会でBブロック1位のケニー・オメガとの優勝決定戦に臨んだ。前年大会の公式戦でハイレベルな激闘を繰り広げた両者の優勝決定戦は、この日も壮絶な大技の応酬となった。片翼の天使を変型デスティーノで切り返した内藤は、Vトリガーにもカウンターの浴びせ蹴りを決める。最後はデスティーノ2連発をサク裂させて4年ぶり2度目のG1制覇を達成した。

「新日本の主役」の座をつかみとった内藤の勢いは止まらず。2017年夏のG1で通算２度目の優勝（8・13両国国技館）

内藤はG1という最高峰のリーグ戦を「これ以上ないジャンプ台」と表現した。事実、過去に多くのレスラーたちがこの大会をキッカケにトップレスラーへと飛躍していった。しかし4年前の13年、内藤は初優勝を飾りながら伸び悩んだ。「新日本プロレスの主役」を名乗ったはいいがファンを納得させることができず、日本全国の会場でブーイングとヤジを浴びせられた。本来ならばメインイベントで行われるはずだった14年1月4日東京ドーム大会でのIWGPヘビー級王座挑戦も、ファン投票によりセミに降格させられた。東京ドームのメインに立つことは中学校3年生の時からの夢だったが、当時の内藤にはそれを叶える力がなかった。

しかし苦悩と葛藤の果てにメキシコの地で「ロス・インゴベルナブレス」と巡り会い、内藤のレスラー人生は一変した。「やっている人間が楽しくなければ、見てる人間は絶対に楽しくない」。極度なまでに人目を気にすることをやめ、自由気ままに、制御不能にプロレスを楽しむようになった。G1制覇のリング上から見える景色は、4年前とは全く違っていた。「あの時は背伸びをしていて、正直なことを言えませんでした。ただし！　今の俺なら、自信を持って言える。この新日本プロレスの主役は、俺だ」。内藤は今度こそジャンプ台を踏んだ。10月9日両国国技館大会で石井との挑戦権利証争奪戦をクリアし、ついに翌年1月4日東京ドーム大会のメインでIWGPヘビー級王者オカダ・カズチカに挑戦することが決定した。もうファン投票などいらなかった。内藤は夢を叶えるに値するプロレスラーになったのだ。

内藤はこの年のプロレス大賞で、年間を通じてIWGPヘビー級王座を防衛し続けたオカダを差し置いて2年連続のMVPに選出された。同賞の連続受賞はアントニオ猪木、ジャンボ鶴田、天龍源一郎、オカダに続いて史上5人目の快挙。そうそうたるメンバーに名を連ねた制御不能なカリスマは、最高峰王座のIWGPヘビー級ベルトをも超越した存在になりつつあった。

3章

猪木、死す！
不滅の新日本

2018年〜2022年

2018
(平成30年)

オカダがIWGPヘビー級王座史に大きな名を残す

永遠に刻まれるオカダの「V12」

2014年大会のセミファイナル降格から4年の月日を経て、IWGPヘビー級王者のオカダ・カズチカと「G1 CLIMAX」覇者の内藤哲也というマッチアップは、ついに誰もが認める1月4日東京ドーム大会のメインイベントに据えられた。事実上のセミファイナルとなるダブルメインイベントの第1試合としてIWGP USヘビー級王座戦のケニー・オメガ対クリス・ジェリコのドリームマッチがラインナップされていたが、今回に関してはファンの民意を問う必要はなかった。オカダは業界を代表する王者として認められ、内藤もまた「新日本プロレスの主役」を名乗るにふさわしいレスラーになっていた。

その期待に応えるかのように、両雄は文字通り頂上決戦にふさわしい激闘を展開した。一進一退の攻防から変型のレインメーカーを決めたオカダは、正調のレインメーカーを回避されてデスティーノを浴びてしまう。それでも王者の意地で3カウントは許さない。ツームストーン・パイルドライバーからのレインメーカーも変型デスティーノで切り返されたものの、正調デスティーノを阻止すると旋回式のツームストーン・パイルドライバーを発射。最後はついに正調のレインメーカーをサク裂させて9度目の防衛に成功した。

前年に年間を通じてIWGPヘビー級のベルトを守ったオカダだったが、G1を制覇した内藤が圧倒的なファンの支持を得ていたこともあってプロレス大賞のMVPを明け渡していた。戦前の下馬評は「実力のオカダ、人気の内藤」と言われていただけに、この試合で敗北すれば本格的な内藤時代へと移り変わってしまうリスクもあった。16年に東京ドームのメインで棚橋弘至の連勝記録を止めたオカダはこれで3年連続となる同舞台での勝利。経験の差が勝敗を分けた。試合後のリング上でオカダは「内藤さん！東京ドームのメインイベント、どうだった？　最高に気持ちいいだろ？　勝つとな、もっと気持ちいいぞ、コノヤロー！　またやろうぜ」とマイクアピール。中学3年の時に抱いた夢を叶え、そしてその舞台で敗れたことでさらに大きな存在になるだろうライバルに再戦を呼びかけた。

この年の東京ドームの観衆は3万4995人と、前年の2万6192人を大幅に上回った。1年間で実に約30％も増加した事実は、当時の新日本がすさまじい勢いで人気を拡大させていたことを証明している。2年前の主力選手大量離脱というピンチを乗り越えチャンスに変えたのだ。それでもオカダは「ライトスタンド、レフトスタンド、上のほうにも空いているところ、まだまだある。レインメーカーに任せなさい！　しっかり超満員の東京ドーム、見せてやるからな！　俺は俺のプロレスで全員満足させて、ハッピーにしてやります。今まではレインメーカーとしてカネの雨しか降らせてこなかったですが、2018年は感動の雨、驚きの雨、幸せの雨、いろんな雨を降らせていきたいと思います」と、あくまで「東京ドーム超満員」が目標であると強調し、更なる高みを目指すことを誓った。

その誓いを裏切ることなく、王者は快進撃を続けていく。2月10日のエディオンアリーナ大阪大会で新たに「ライバル」と認めたSANADAを下すと、4月1日両国国技館大会では「NEW　JAPAN　CUP」を制したザック・セイバーJr.の挑戦も退け11度目の防衛に成功。12年に棚橋弘至が打ち立てたIWGPヘビー級王座最多連続防衛記録に並んだ。

そしてオカダは5月4日福岡国際センター大会で連続最多防衛タイ記録保持者の棚橋と激突した。12年2月大阪大会で棚橋の「V12」を阻みIWGPヘビー級王座初戴冠を果たしたオカダが、今度は自身の「V12」をかけて棚橋と戦うというドラマティックな展開。新記録達成を後押しする声援と、それを執念で阻止しようとする棚橋への声援が会場を二分した。ハイフライフローをドロップキックで迎撃したオカダは、棚橋の掟破りのレインメーカーを浴びて窮地に陥る。自身のレインメーカーを回避され、強烈な張り手を浴びて腕を振り払われる。それでも棚橋がスリングブレイドを狙ってロープに走ろうとしたその瞬間、オカダは背後からタイツを掴んで強引に引き戻すとレインメーカー一閃。まさに力技でベテランの執念を振り切った。

前人未到の新記録を打ち立てたオカダは「自分では『(記録に)興味ない』と言いつつ、これが達成できた時に何かあるんじゃないかなと思ってましたけど、何もなかった。ただの防衛戦の一つだった。でもね、棚橋弘至、ナメてましたけど強かった。強かったし『あそこまでボロボロの人間でもここまでやれるんだ』っていうのは、レスラーとしてもすごいと思うし、お客さんでもパワーもらえた人はいると思うんでね。ホント勉強になりました」と、あくまで防衛回数よりも対戦相手に価値を見出した。とはいえ、全く意識してこなかったわけではなく、達成感もあったに違いない。事実、記録達成を区切りとするかのように、オカダは次期挑戦者としてこれまでの防衛ロードのなかで唯一引き分け防衛(17年6月、大阪)となっていたケニー・オメガを指名。完全決着戦として時間無制限勝負を持ちかける。これを受諾したケニーからは3本勝負の条件も追加され、IWGPヘビー級選手権史上初の「時間無制限3本勝負」が6月9日大阪城ホール大会で行われることとなった。

結果的にオカダはケニーに敗れたため防衛記録は12でストップ。とはいえこれ以降、この記録を上回

2018年5・4福岡国際センターで棚橋を返り討ちにしたオカダはIWGPヘビー級王座の連続防衛新記録12を達成

る王者が生まれないままIWGPヘビー級王座は21年3月に廃止されたため、オカダの防衛回数「12」は、同王座史上最多防衛記録として永遠に残ることになった。ありとあらゆる記録と記憶が、オカダが同王座史上に残る名王者であったことを示している。

ジェイ・ホワイトが新日本の勢力図を塗り替える

18年に一躍トップ選手の仲間入りを果たしたのがジェイ・ホワイトだ。ニュージーランド・オークランド出身のジェイは、13年2月に英国のインディー団体でプロレスラーとしてデビュー。14年12月のテストに合格し、15年1月に入門した。新日本のシステムでキャリアを積み直すことを進言したのは、後にWWE入りするプリンス・デヴィットだった。レスラー経験があったジェイは入門した同月30日の埼玉・所沢大会で早々に再デビュー。道場での厳しい練習にも耐え、ヤングライオンとして試合経験を積んでいった。16年6月19日の大阪城ホール大会で壮行試合を行うと、米国・ROHへ無期限の海外武者修行へ。そして17年11月に〝スイッチブレード（飛び出しナイフ）〟として凱旋帰国を果たしていた。

ジェイは1月4日東京ドーム大会でいきなりIWGPインターコンチネンタル王者・棚橋弘至に挑戦。試合には敗れたものの、大舞台で高い潜在能力を見せつけたことでその存在が注目を集める。翌5日後楽園ホール大会ではバレットクラブのリーダーのケニー・オメガから直々にユニット入りを勧誘されたが、ジェイはオカダ・カズチカが率いるCHAOS入りを選択した。これを機にケニーと因縁が勃発すると、1月28日北海道・北海きたえーる大会でケニーの持つIWGP USヘビー級王座に挑戦した。

当時のケニーはクリス・ジェリコとのドリームマッチも制し、文字通り新日本の最強外国人の名をほしいままにしていた。下馬評はジェイの圧倒的不利がささやかれ、実際に試合でも怒とうの猛攻にさらされ続けた。リバース・フランケンシュタイナー、Vトリガーで大ダメージを負ったジェイだったが、ケニーが片翼の天使を狙ったところで体勢を入れ替えると必殺のブレードランナー（変型フェイスバスター）がサク裂。鮮やかな逆転劇で、大番狂わせを巻き起こした。凱旋帰国から3カ月足らずでシングルベルトを手にしたジェイは「スイッチブレードは一瞬ですべてを変えてしまう。最高だぜ。俺はあの時のことを覚えている。２０１５年の後楽園ホール（1月5日大会）だ。ヒゲを剃って新日本に入門した。誰も俺のことを気にも留めなかったけど、この団体のトップに立ってやると決心した。すべては道場に入った時に始まったんだ。どれだけ長く下積みを続けてきたか…。そんな若造が世界最高のレスラーと認めるケニー・オメガを倒したんだ。遠い存在でしかなかった男を倒したんだ」と勝ち誇った。大恩人のデヴィットと同様に、伝統の野毛道場での厳しい練習に耐え、ヤングライオンとして基礎を学び、日本のリングで才能を開花させたのだ。

ジェイは3月25日（日本時間26日）の米国・カリフォルニア州ロサンゼルス大会でハングマン・ペイジを、4月24日後楽園大会でデビッド・フィンレーを、5月11日（日本時間12日）カナダ・トロント大会でパニッシャー・マルティネスをそれぞれ下して3度の防衛に成功する。7月7日（日本時間8日）に米国・カリフォルニア州サンフランシスコ大会でジュース・ロビンソンに敗れてベルトを失うが、この年2回の米国ビッグマッチでUS王座戦を行ったことで新日本の海外戦略に貢献。国内外で知名度を高めていく。初出場となった「G１　CLIMAX」でも6勝3敗と好成績を残してトップ選手としての実力を改めて証明した。

スイッチブレードの刃は、これまでの新日本の勢力図を大きく切り裂いた。9月23日神戸ワールド記念ホール大会のメイン終了後に、オカダを襲撃。何と6年半以上にもわたってオカダのマネジャーを務めていた外道を引き連れてCHAOSを脱退する。さらに10月8日両国国技館では邪道も連れてタマ・トンガやバッドラック・ファレらと合流し、バレットクラブ入りを果たす。この当時のバレットクラブは、ケニー、ヤングバックス、Ｃｏｄｙ、ペイジらが「バレットクラブ・エリート」を名乗って内部抗争を繰り広げていた。ジェイは新たに立ち上がった「バレットクラブＯＧ」で事実上の新リーダーに就任する。「バレットクラブ・エリート、あんなクソッタレ、何だ。俺たちオリジナルのバレットクラブが、しっかり俺たちの始まった地点に戻って再スタートする。俺たちが全てを制圧するんだ」と全方位に宣戦布告した。

ジェイの造反を機に、ＣＨＡＯＳは本隊との共闘関係をスタートさせる。立ち上げ当初は反体制ユニットだったが、バレットクラブや鈴木軍、ロス・インゴベルナブレス・デ・ハポンの誕生によってその立ち位置は徐々に変わっていっていた。ＣＨＡＯＳと本隊の〝合流〟により、オカダ&棚橋組というドリームタッグが結成されるようになるなど、新日本のリング上は新たな勢力図へと書き換えられていく。ジェイの出現によって、まさに地殻変動が起きたのである。

ケニーが長い旅路の果てにＩＷＧＰヘビー級王座にたどり着く

ケニー・オメガにとって、ジェイ・ホワイトとのＩＷＧＰ　ＵＳヘビー級王座戦の敗北は新たなステップアップの始まりに過ぎなかった。前年17年にかつての盟友・飯伏幸太が新日本マットに復帰してから、ケニーの周辺は騒がしくなりつつあった。1月5日後楽園大会では同門のＣｏｄｙが飯伏に暴行を加えていたところを救出。バレットクラブ内で不穏な空気が漂う中で、ケニーと飯伏の名チーム「ゴールデン☆ラヴァーズ」復活を望む声が大きくなっていく。

そんな流れから1月28日北海道大会でＵＳ王座を失ったケニーは直後のリング上で、不満が溜まったＣｏｄｙとハングマン・ペイジの襲撃を受ける。しかしここで救出に訪れたのが飯伏だった。飯伏から握手を求められたケニーは苦悩の表情も浮かべたが、最終的に抱擁をかわして絆が復活。２月24日後楽園ホール大会では実に約3年4カ月ぶりにゴールデン☆ラヴァーズが再結成され、Ｃｏｄｙ＆マーティ・スカルを新合体技ゴールデン☆トリガー（カミゴエ＆Ｖトリガー）で撃破した。試合後のケニーは、バレットクラブ加入以後、16年の「Ｇ１　ＣＬＩＭＡＸ」制覇時など特別なケースを除いて封印していた日本語を解禁して喜びを表現した。「これが俺たちゴールデン☆ラヴァーズの姿だ。本当に〝世界のベスト〟を証明して見せていきたい。ベルトを持つか、持たないかは関係ない。ウィー・キャン・チェンジ・ワールド」。

ゴールデン☆ラヴァーズの再結成によってバレットクラブの内部抗争は激化した。３月25日（日本時間26日）の米国・カリフォルニア州ロサンゼルス大会ではゴールデン☆ラヴァーズがヤングバックス（マット＆ニック・ジャクソン）と対戦し勝利。しかし４月１日両国大会ではＣｏｄｙ＆ハングマン・ペイジ組にまさかの敗戦を喫してしまう。５月３日福岡国際センター大会ではシングルマッチでケニーがペイジを下すが、飯伏はＣｏｄｙに敗北し、バレットクラブ内はさらに混沌としていく。

複雑な状況下に置かれていたケニーに、千載一遇のチャンスが訪れる。５月４日福岡国際センター大会で、ＩＷＧＰヘビー級王座連続防衛新記録となるＶ12を達成した王者オカダから、次期挑戦者の指名を受けた。60分フルタイムドローに終わった１年前の大阪城大会の決着戦を望むオカダからは、時間無制限の勝負を持ちかけられた。ケニーはこれに「３本勝負」のルールを追加提案。世界中のプロレスファンを魅了したベストバウトマシンとレインメーカーの３度目の一騎打ちは、６月９日大阪城ホール大会で同王座戦史上初の「時間無制限３本勝負」として行われることになった。

決戦当日、セコンドには飯伏がついた。回転エビ固めを押しつぶされて１本目をオカダに奪われたケニーだったが、必殺の片翼の天使で２本目を奪い返して３本目に持ち込む。この時点で試合時間はすでに47分を超えていた。誰もが未体験ゾーンの壮絶な死闘の末、ケニーはＶトリガーからこん身の片翼の天使を決めてついに絶対王者・オカダを沈めてみせた。3本トータルで何と64分50秒にも及んだ超ロングバウトを制し、3度目の挑戦にして初めてIWGPヘビー級王座を手に入れた。会場からは割れんばかりの大歓声が巻き起こった。ケニーが異国で積み重ねてきた並大抵ではない努力を、誰もが知っていたからだ。初来日から実に10年の月日をかけて、カナダから海を超えて日本のインディー団体にやってきた男は、ついに日本プロレス界最高峰のベルトを手に入れた。

試合後のリング上では亀裂が入っていた盟友のヤングバックスとも和解し、熱い抱擁をかわした。バックステージでは飯伏、ヤングバックスと4人で勝利の美酒に酔いしれた。「ここまでの長い旅は、この目標を達成するためのものだった。でも皮肉な言い方をすれば、いま獲得したものよりも、その旅路の方が何よりも大切で、その集大成のシンボルがこのベルトだと思う。これを獲得するまでの旅路、そこには自分のことを信頼してくれた大切な仲間たちがいた。この試合に向けてのトレーニング、そこには食事制限なども含めていろいろなものがあるけど、何よりも1度は失った友情を取り戻せたことがうれしい。誇りを持って、これからの人生をかけてこのベルトを掲げていくよ」。

ケニーは7月7日（日本時間8日）に米国・カリフォルニア州サンフランシスコ大会での初防衛戦でCodyを下し、この試合を機に和解。これにてバレットクラブのお家騒動は一件落着…かに思われたが、待っていたのはまさかのユニット再分裂だった。大会後のリング上ではタマ・トンガ、タンガ・ロア、キング・ハクに襲撃されて仲違い。これにて長年一枚岩を誇ってきたはずの極悪外国人グループはケニーが率いる「ジ・エリート」派と、ユニット創設期のメンバーであるタマ、バッドラック・ファレらを中心として後にジェイ・ホワイトがリーダーに就任する「OG」派に二分される。そして結果的には、この時の内部分裂は本当の意味での〝別れ〟の予兆でもあった。

2018年6・9大阪城ホールでケニーが時間無制限3本勝負、計64分50秒の死闘の末、オカダを破りIWGPヘビー級王座奪取

G1で復権! 棚橋を駆り立てた最大のモチベーションとは

ケニー・オメガと飯伏幸太の「ゴールデン☆ラヴァーズ」、そしてその2人を擁する「ジ・エリート」が新日本マットの主役に躍り出た18年の夏、背水の陣にいたのが棚橋弘至だった。この年の棚橋はIWGPインターコンチネンタル王者として迎えた1月4日東京ドーム大会でジェイ・ホワイトを下し4度目の防衛に成功。しかし同27日の北海道・北海きたえーる大会で鈴木みのるに敗れベルトを失うと、右ヒザ変形関節症により欠場期間に突入した。復帰後の春のトーナメント「NEW JAPAN CUP」も準優勝に終わり、5月4日福岡国際センター大会ではIWGPヘビー級王者オカダ・カズチカに挑戦して敗北。自身が保持していた連続最多防衛記録を更新される「V12」の新記録樹立を許す。

棚橋は15年2月を最後に〝定位置〟とも言えたIWGPヘビー級王座から遠ざかっていた。15年の「G1 CLIMAX」制覇こそ果たしたものの、16年1月4日東京ドーム大会でオカダに敗れ、年間最大興行のメインイベントの連勝記録をストップさせられると苦しい時期が待っていた。16年には左肩剥離骨折と二頭筋断裂、17年には右上腕二頭筋腱遠位断裂、そしてこの年の右ヒザ変形関節症と、毎年のように負傷欠場を繰り返す。とりわけ長年にわたる激闘の代償で、両ヒザの状態は深刻だった。満身創痍のエースは、41歳を迎えレスラー人生のピンチに追い込まれていたと言ってもいい。

しかしそんななかで迎えた真夏の祭典「G1 CLIMAX」で、奇跡の復活劇を遂げる。Aブロックにエントリーされた棚橋はジェイ・ホワイトに敗れたものの、真壁刀義、マイケル・エルガン、YOSHI-HASHI、バッドラック・ファレ、ハングマン・ペイジ、EVIL、鈴木みのるを下し、最終公式戦(8月10日、日本武道館)ではオカダ・カズチカと引き分けて7勝1敗1分けの好成績で1位通過。8月12日日本武道館大会の優勝決定戦でBブロック1位の飯伏と激突した。飯伏は最終公式戦でケニーとの「ゴールデン☆ラヴァーズ対決」を制して悲願のG1初制覇に王手をかけていた。ケニーが6月大阪城大会でIWGPヘビー級王座戴冠を果たしていたこともあり、飯伏にもヘビー級のビッグタイトル獲得を望む声は多かった。勢いに劣る棚橋には逆風が吹いていたのである。

迎えた決戦当日、棚橋の「一手」が会場の空気を一変させる。当然のようにケニーをセコンドにつけた飯伏に対し、棚橋は急性硬膜下血腫で長期欠場中だった柴田勝頼をセコンドにつけた。新・闘魂三銃士と言われた生え抜き同士の10年以上に及ぶドラマを復活させることで、DDTからキャリアをスタートさせた飯伏とケニーに〝外敵感〟を植え付けた。「飯伏の初優勝を期待する声が多いのはなんとなく感じてたんですよ。僕はそれに対抗するために、持てるものを全て注ぎ込んだ。それはキャリアであり、ズルさでありね。だから柴田さんとのストーリーをここで使ってくるのは、我ながらズルいと思いますけど、プロレスにはこういうやり方もあるんですよ」（スポーツ・グラフィック『Ｎｕｍｂｅｒ　プロレス総選挙ＦＩＮＡＬ』）。まさに〝政治的手法〟を駆使して逆風を追い風に変えた棚橋は、試合でも主導権を握り続けた。強烈な張り手の応酬から、ハイキックをかわしてドラゴン・スープレックスを発射。背中への一撃からボディアタック式、最後は正調というハイフライフロー3連発で、G1史上最長タイムとなった35分の激闘を制してみせた。

翌年に平成から令和への改元を控えていた「平成最後のG1　CLIMAX」は、平成の大エースの復活で幕を閉じた。健在ぶりを見せつけた棚橋は「16年の（1月4日東京）ドームで敗退して、それ以降は産卵を終えたサケみたいに見られていたかもしれない。『プロレスを立て直した』って評価はもらえてるんですけど、紹介のされ方がいつもその切り口なんです。『今があるのは棚橋のおかげ。お疲れさん、もう一線引いていいよ』という声が聞こえるたびに『ふざけんじゃねえ。人の限界を勝手に決めんじゃねえよ』と思ってやってきました。それが一番のモチベーションでした」と勝ち誇った。

9月には主演映画『パパはわるものチャンピオン』も公開され、リング内外で勢いを取り戻した棚橋は9月23日神戸ワールド記念ホール大会でオカダ、10月8日両国大会でジェイ・ホワイトを相手にIWGPヘビー級王座挑戦権利証争奪戦に勝利。16年大会以来、3年ぶりに年間最大興行の1月4日東京ドームのメインイベントに返り咲いた。頂上決戦の相手は両国大会で飯伏、Codyという盟友2人を相手にした3WAY王座戦という斬新な戦いをクリアしたIWGPヘビー級王者ケニーに決定。対戦が決まると両者は会見でイデオロギーを激しくぶつけあった。

高い身体能力を生かし、時には危険な技も駆使する激しい試合スタイルを信条とするケニーは、満身創痍の姿で戦う棚橋に対して「進化がない。時代に取り残されている」と批判的な発言を連発した。実際にケニーの先鋭的な戦いぶりは、ここ数年のマット界のトレンドを作り上げていた事実は否めない。しかし棚橋は「いい変化もあれば、そうでない変化もある。変わることも大事だが、プロレスの本質は今も昔も変わらない」と反論。運動能力に頼って技を競い合うだけではジャンルとして危険な方向に進んでしまうと警鐘を鳴らした。これはケニーたちに代表される「アスリートプロレス」へのアンチテーゼであり、「プロレスに品がない」「賞味期限切れ」などと過激な言葉を繰り出した。進化を求める王者と、伝統を重んじる挑戦者。ともに根底には強いプロレス愛がある両雄の意見は最後まで平行線のまま、19年の頂上決戦へと向かっていった。

内藤が鷹木という〝劇薬〟を投入

「東京ドームのメインイベントに立つ」という中学校3年生の時からの夢を叶えた18年、内藤哲也は「6大ドームツアー実現」という新たな野望も掲げた上で独自路線を歩んで新日本を盛り上げた。IWGPヘビー級王者オカダ・カズチカとの1月4日ドーム決戦に敗れた翌日の5日後楽園大会では、同じくドー

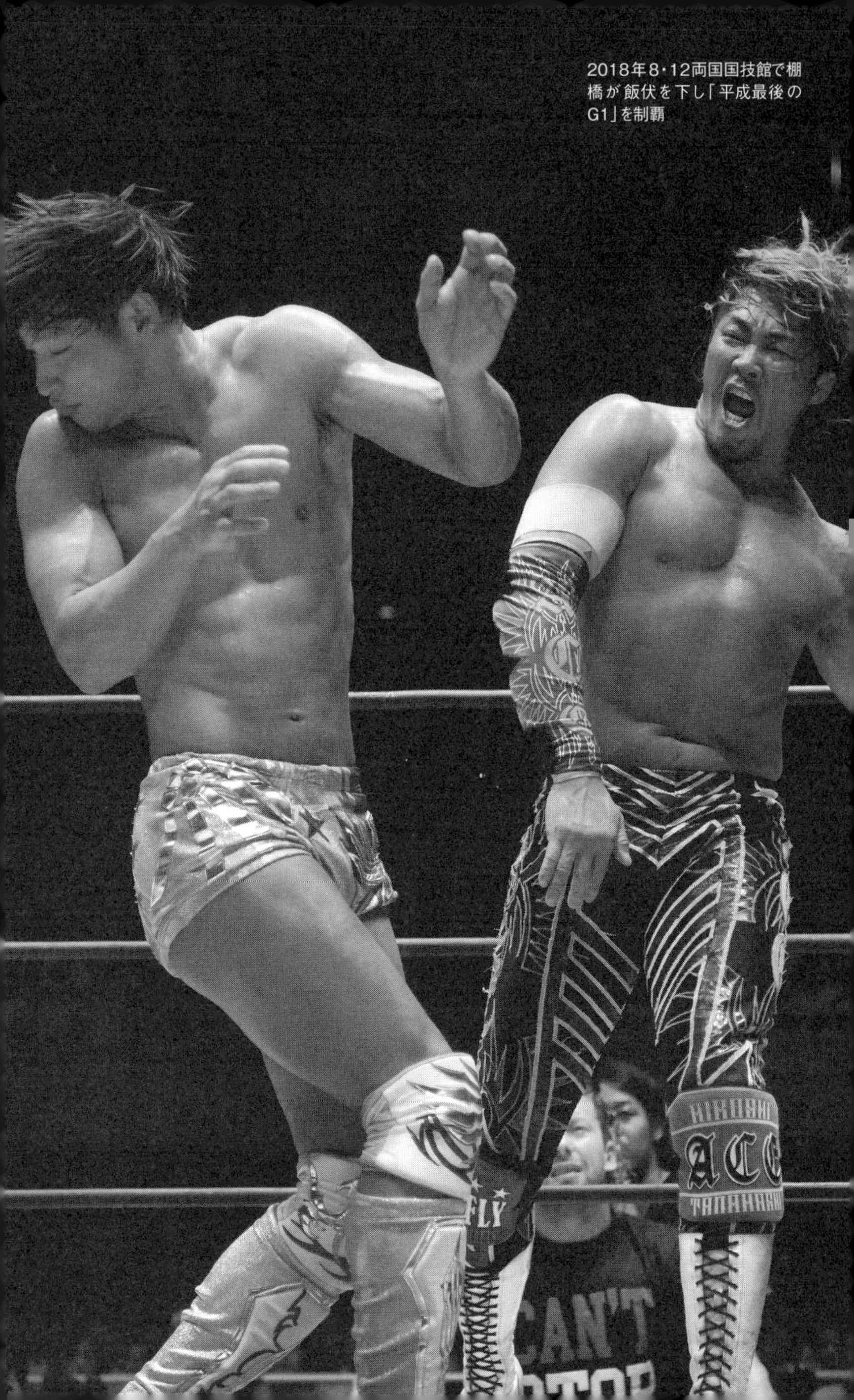

2018年8・12両国国技館で棚橋が飯伏を下し「平成最後のG1」を制覇

ムでＩＷＧＰ　ＵＳヘビー級王者ケニー・オメガに敗れた元ＷＷＥスーパースターのクリス・ジェリコに襲撃され遺恨が勃発する。４月29日グランメッセ熊本大会で鈴木みのるを破ってＩＷＧＰインターコンチネンタル王座返り咲きを果たすと、その白いベルトを巡ってジェリコと抗争を繰り広げた。

そして迎えた6月9日大阪城ホール大会で、内藤とジェリコのインターコンチネンタル王座戦が実現し大きな注目を集める。内藤は場外でテーブル上へのパイルドライバーを決めるなどジェリコを追い詰めたが、必殺のデスティーノだけは決めることができない。レフェリーを突き飛ばして死角を作り出したジェリコの急所攻撃を食らってしまうと、一気にコードブレイカーを決められてしまい3カウントを奪われる。インターコンチネンタル王座はジェリコの元へと流出してしまった。

真夏の祭典「Ｇ１　ＣＬＩＭＡＸ」でもリーグ戦敗退となった内藤だったが、９月17日大分・別府大会で鈴木との一騎打ちを制すると、11月３日大阪大会ではザック・セイバーJr.とのシングル戦でも完勝。同大会でＥＶＩＬを下し初防衛に成功したジェリコに雪辱を果たすべく挑戦表明し、翌年1月４日東京ドーム大会でのリマッチが決定した。内藤は「たまにしかやってこない〝自称・世界のスーパースター〟クリス・ジェリコがいまこの新日本プロレスのリングでいきがってるのは、俺の責任かもしれないね」と相変わらずの制御不能節で王者を挑発したが、世界的大物との本格的な抗争は、結果的に団体として海外から高い注目を集めることにつながった側面もある。

戦績としては前年までの快進撃に比べれば物足りなさがあった事実は否めないが、この年の内藤が発した言葉でファンの心に強く残ったのは4月に鈴木を撃破しインターコンチネンタル王座を奪取した試合後のマイクアピールだ。16年４月に発生した熊本地震の影響もあり、同県での興行は実に2年5カ月ぶりのことだった。内藤は「2年前、ここ熊本で大変なことが起こりました。今もあの時の傷を持っている方々、たくさんいらっしゃると思いますが、だからこそ俺は言いたい。変わらないこと、諦めないことはもちろん大事。でも変わろうとする思い、変わろうとする覚悟、そして！　一歩踏み出す勇気も俺は大事なことじゃないかなって思います。だから我々ロス・インゴベルナブレス・デ・ハポンはプロレスを通じて一歩踏み出す勇気を皆様に与え続けていきたいなと思います」と呼びかけた。

くしくも内藤が口にした「一歩踏み出す勇気」は、この年のロス・インゴベルナブレス・デ・ハポンにとって重要な言葉になっていく。この年の「ベスト・オブ・ザ・スーパージュニア」で悲願の初優勝を果たし、6月9日大阪城ホール大会でIWGPジュニアヘビー級王座返り咲きを果たしていた高橋ヒロムが、7月7日（日本時間8日）に米国・カリフォルニア州サンフランシスコ大会でのドラゴン・リーとのV2戦で首を負傷。当時は詳細が伏せられていたが、第一頸椎を複数箇所骨折していたため長期欠場は免れない状況にあった。

そこで内藤が取ったのが、ただ漫然とヒロムの復帰を待つのではなく、その穴を埋める新メンバーを加えた上でユニットに刺激を与えるという手法だった。〝劇薬〟として投入された新パレハは、内藤とアニマル浜口ジム時代に同門だった鷹木信悟だった。鷹木は04年10月にドラゴンゲートでデビュー。若くして頭角を現し、同団体最高峰のオープン・ザ・ドリームゲート王座を4度獲得しトップ選手として君臨した。さらに活躍の場を広げるべく10月7日に14年在籍したドラゴンゲートを退団。そしてその翌日の10月8日両国大会でロス・インゴベルナブレス・デ・ハポンに電撃加入した。鷹木はかねて同い年のレスラーで結成された「昭和57年会」の盟友である内藤、飯伏幸太が活躍する新日本参戦を熱望していた。

「THE DRAGON」の異名を名乗り新天地に降り立った鷹木は「俺も内藤のおかげで『一歩踏み出す勇気』をもらったよ。面白くなるな、これからプロレス界。環境を変えるリスクもあるかもしれないが、ハイリスク・ハイリターンだよ。リスクがなければ大きな成功はない。そういった利害が一致したということだ」と豪語。ヒロム欠場の穴を埋めるべく加入したロス・インゴベルナブレス・デ・ハポン6人目のメンバーは、当初はジュニアヘビー級を戦場としていたが、後に団体にとって欠かせない男になっていく。

2019
（平成31年&令和元年）

〝プロレスの殿堂〟ニューヨークMSGで新日本プロレスの醍醐味を見せつける

引退構想を撤回した棚橋がIWGPヘビー級王者返り咲き

2019年1月4日のメインイベント、IWGPヘビー級王者ケニー・オメガと「G1 CLIMAX」覇者・棚橋弘至によるメインイベントは、戦前から繰り広げられたイデオロギー闘争の〝完全決着戦〟となった。前年に3年ぶりのG1制覇を達成した棚橋は、東京スポーツ新聞社制定プロレス大賞でも4年ぶり4度目のMVPに返り咲いていた。その勢いをこの日のリング上でも見せつける。ケニーの片翼の天使をリバース・フランケンシュタイナーで切り返した棚橋は、ドラゴン・スープレックスからハイフライフローを2連発。王者はこれをカウント2で返す驚異のタフネスを見せつけるが、棚橋はVトリガーからの片翼の天使も回避するとスリングブレイドで再逆転する。最後は渾身のハイフライフローで39分13秒の激闘に終止符を打った。革新的なスタイルのケニーとクラシカルなプロレスを貫く棚橋は、試合前から相反する考えをぶつけ合ってきたが、試合のなかでは共鳴する部分があったようにも見える。棚橋は場外でテーブルを使用した攻防を展開し、終盤には大技の極地とも言える雪崩式ドラゴン・スープレックスを食らった。決して相手を全否定するのではなく、異なる思想も信条もプロレスというジャンルのなかに落とし込んでいくのが、棚橋の理想とする戦いに近いのかもしれない。

ともあれ15年2月以来4年ぶりにＩＷＧＰヘビー級のベルトを手にした棚橋は「正直言うと、もうこの舞台には帰ってこられないかと思いました。けど柴田（勝頼）選手、本間（朋晃）選手、多くの仲間がエネルギーをくれました。そして何より、僕をここまで押し上げてくれたファンの皆さん、ありがとうございました」と感謝すると、15年大会以来4年ぶりに「愛してま〜す！」の大合唱で年間最大興行を締めくくった。

満身創痍の戦いが続き結果を残せず苦しんだ時期には、引退の二文字が具体的に頭を巡ったこともある。20年の東京ドーム大会で引退を表明し、1年間引退ツアーをやって21年のドームで引退。その後はフロント入りするという具体的なプランを筆者に語ったこともあった。しかしその決意は、欠場を繰り返しても、オカダ・カズチカに連続防衛記録を破られても変わらなかったファンからの声援で翻った。「もう少しだけ頑張ろう」と一念発起した棚橋は、平成最後のＧ1を制し、平成最後のＭＶＰを手に入れ、平成最後の東京ドーム大会のメインを勝利で飾った。まさしく棚橋がプロレスの一時代を築いた、千両役者のエースだということを象徴するかのような復活劇だった。

ところが〝第8次政権〟は残酷なほど短命に終わってしまう。2月11日エディオンアリーナ大阪大会でジェイ・ホワイトを迎え撃った棚橋は、シリーズを通じて古傷の右ヒザを徹底的に狙われたこともあって大苦戦。奥の手・スタイルズクラッシュも繰り出して応戦するが決定打を奪えない。ハイフライフローをかわされると、着地の瞬間をキャッチされブレードランナーで沈められてしまった。初防衛戦でいきなりベルトを失ってしまった棚橋は「もう無理だ…」と珍しく弱音を吐いた。それだけ当時のヒザの状態がよくなかったことを示して。一方で棚橋を破ってＩＷＧＰヘビー級王座初戴冠を果たしたジェイは26歳の若さにして、バレットクラブのリーダーとして、そして新日本のトップレスラーとしての地位を確立させることに成功した。

G1覇者の棚橋は2019年1・4東京ドームでケニーを粉砕し4年ぶりにIWGPヘビー級王座返り咲きを果たした

ケニーら主力外国人勢、KUSHIDAが離脱も…

棚橋弘至との頂上決戦に敗れたケニー・オメガは、新たな理想郷を探して新日本を去ることを決断した。この年の1月1日、ユーチューブで投稿されていた「Ｂｅｉｎｇ　ｔｈｅ　Ｅｌｉｔｅ」において、ケニーの仲間たちが大きな発表を行っていた。それは新団体「オール・エリート・レスリング（ＡＥＷ）」の旗揚げである。オーナーに就任したトニー・カーンは、パキスタン系アメリカ人の大富豪であるシャヒド・カーンの息子にあたる。当時総資産87億ドルと言われていたシャヒド氏は、息子の新ビジネスであるＡＥＷに1億ドル以上を投じると報じられ、実際にはその何倍もの資金が投入されると見込まれていた。設立当初から〝金満団体〟として注目されたＡＥＷは１９９０年の日本で大企業「メガネスーパー」が設立した「ＳＷＳ」を彷彿とさせたが、その資金力はさらにケタ違いだった。

ＡＥＷには1月1日の時点でＣｏｄｙ、ヤングバックス（マット＆ニック・ジャクソン）、ハングマン・ペイジが参加を表明しており、4人は1月4日東京ドーム大会後の新日本離脱が確実視されていた。そんななかで東京ドーム大会で敗れたケニーの去就も注目を集めていたが、7日発行の東京スポーツ新聞で新日本離脱の意志を正式に表明。ベストバウトを受賞し参加した同17日のプロレス大賞授賞式では「悲しいことは言いたくないですけど、来年、このステージに立てないかもしれない。世界で活躍を見せて、大きい会場でベストバウトを見せます。東スポ（プロレス）大賞はここで最後ではないかと思うんですけど、またいつか、ベストバウトかＭＶＰか技能賞か何か取りたい。また会う日まで。グッドバイ、アンド、グッドナイト」と、約10年間にわたって戦い続けた日本のリングに別れを告げた。

ケニーは新日本との契約終了後の2月7日（日本時間8日）に米国で会見を行い、ＡＥＷへの参加と副社長就任を発表した。またケニーとの抗争を機に新日本に参戦していたクリス・ジェリコもＡＥＷと契約。前年にバレットクラブから内部分裂した「バレットクラブ・エリート」の外国人選手が軒並みＡＥＷに移籍した上に、超大物のジェリコもセルリアンブルーのマットを去ったことで勢力図は激変した。

新日本でベストバウト級の試合を連発し世界的に高い評価を受けていたケニーは、世界最大団体のＷＷＥからも幾度となくオファーを受けていた。それでもＡＥＷを新天地に選んだ理由として「ＷＷＥには確かに自分のやりたいドリームマッチがある。それはＡＪスタイルズだ。でも、例えば『レッスルマニアに出たい』と言うレスラーがいるよね。自分にとってのレッスルマニアは東京ドームだった。一番大きな夢はもう叶えたから、今後は自分だけのためでなく、プロレスのためのことに集中したくなった。自分の好きなプロレスを世界に見せたい。それがＡＥＷだった。もう俺もいい大人なんだけど、おカネのためにもやっていない。自分のプロレスを通じて、見る人の人生を変えたい」と、2月に東京スポーツのインタビューで答えている。

ＡＥＷはこの年の5月25日（日本時間26日）にネバダ州ラスベガスのＭＧＭグランド・ガーデン・アリーナで旗揚げ戦を行い、ケニーとジェリコの再戦がいきなり実現。ディーン・アンブローズ改めジョン・モクスリーらＷＷＥの元スーパースターたちも合流し、瞬く間に米国マット界の一大勢力になった。日本団体との関わりも深く、多くの日本人女子レスラーが活躍。またモクスリー、ジェリコらがＡＥＷとの契約後も新日本マット参戦を果たしている。巨大化し続けるＡＥＷと新日本は22年6月には米国で合同興行を開催するなど、現在提携関係にある。

さらに新日本を離脱したのは「ジ・エリート」勢だけにとどまらなかった。19年1月7日、ジュニアヘビー級の主力選手として活躍してきたＫＵＳＨＩＤＡの退団も発表された。総合格闘技で経験を積んで05年9月にメキシコでプロレスデビュー。ハッスル、ＳＭＡＳＨを経て11年2月に新日本に移籍すると、8年間にわたってジュニアのトップ選手としてベルト戦線を盛り立てた。新日本との契約期間中とあって具体名こそ挙げなかったもののKUSHIDAは「海を渡りプロレスを隅から隅までもっともっと自分の目で見てみたいと。知ったかぶりとか、見て見ぬふりじゃなくて、この目で見ていきたいなと思っております」と、世界最大団体WWEに挑戦することを表明した。

KUSHIDAは1月29日後楽園ホール大会で所属ラストマッチを迎え、棚橋弘至とシングルマッチで対戦。敗戦後のリング上で「この8年間の出来事。新日本のレスラーとの戦い。巡業バスのこと、いろんな風景。そして今日のお客さん、未来永劫忘れません。これを最高のお守りとして、旅してきます。行ってきます！」と旅立ちの言葉を残した。そして4月5日（日本時間6日）にWWEとの契約を正式発表し、活躍の舞台をNXTに移すことになる。

結果的に新日本にとっては中邑真輔、AJスタイルズが退団した16年以来となる選手の大量離脱に見舞われた格好だったが、ファンからは当時ほどの危機感はなかった。それは新陳代謝を繰り返してより強くなっていった団体の姿を見ていたことが大きな要因だったと言って差し支えないだろう。そして去る者もいれば新たにやってくる者もいた。6月5日両国大会からはAEWからジョン・モクスリーが参戦。さらに6月9日大阪城ホール大会にはこの年の2月にWWEとの契約解除が伝えられていたKENTAが来場して「G1 CLIMAX」参戦を発表した。世界の舞台に飛び立っていく者もいれば、海を越えて活躍の舞台を求めてやってくる者がいる。新日本のリングは文字通りワールドワイドな場所になっていた。

飯塚が前代未聞の引退試合、ライガーも自身の美学に照らして引退決意

新たなる挑戦のために去っていくものもいれば、新日本のリングで完全燃焼したレスラーたちもいた。2月21日の後楽園ホール大会は、飯塚高史の引退興行として行われた。飯塚は1985年5月に入門し、

翌年11月にデビューした。99年1月4日東京ドーム大会の橋本真也と小川直也の遺恨試合後の乱闘で村上和成に大ダメージを負わせたことで遺恨が勃発。翌年1月4日東京ドームで橋本と組んで小川&村上組と対戦すると村上をスリーパーホールドでKOしてみせ一躍ブレイクを果たす。しかし08年4月に天山広吉との「友情タッグ」を裏切ってCHAOS入り。スキンヘッドにヒゲを生やした風貌となって悪の限りを尽くすファイトスタイルに変わった。14年5月にはそのCHAOSも裏切り鈴木軍に加入。本隊離脱以降10年以上にもわたり「怨念坊主」として言葉を一切発さずに暴れまわった。

いくら思うところがあったとしても、まさか一人の男が怨念坊主のままリングを去って一般社会に復帰できるわけがない。かつてのパートナー・天山は引退前に飯塚を正気に戻そうと、とうに絶版の友情タッグTシャツまで持ち出して更生を呼びかけるが、その声は届かない。説得むなしく怨念坊主のまま引退試合を迎えた飯塚は、鈴木みのる、タイチと組んで天山&オカダ・カズチカ&矢野通組と対戦。オカダをビクトル式ヒザ十字固めで捕獲したかと思えば、天山には魔性のスリーパーホールドまで繰り出し、かつての記憶が蘇ったかのような場面も見られた。しかし最後まで記憶が戻ることはなく、最後は友情Tシャツを体に乗せられた状態で天山のムーンサルト・プレスに圧殺され最後の3カウントを聞いた。

試合終了後、天山からの最後の説得に飯塚は頭を抱えながら錯乱。ついに握手に応じたかと思ったのもつかの間、その直後に天山の頭部に噛みつき、最後はアイアンフィンガー・フロム・ヘルを見舞って退場。本人不在のまま鈴木が強引に引退の10カウントゴングを鳴らして、リングの上にはアイアンフィンガーだけが残された…。こんなにメチャクチャな引退試合はなかなかお目にかかれない。飯塚は最後まで怨念坊主としての己の矜持を貫き、セルリアンブルーのマットを去っていった。

そしてジュニアヘビー級のレジェンドもついに引退を決意する。3月6日の大田区総合体育館大会で

IWGPジュニアヘビー級王者・石森太二に挑戦し敗れた獣神サンダー・ライガーが翌7日に会見を行い、2020年1月の東京ドーム大会で引退することを発表した。

ライガーはマスクマンとしては1989年に東京ドームでデビュー。30年間新日本のジュニア戦線を牽引し、IWGPジュニアヘビー級王座を史上最多の11回も獲得するなど輝かしい記録と功績を持つ。だがその一方で2017年にジュニア最高峰のリーグ戦「ベスト・オブ・ザ・スーパージュニア」を卒業するなど最前線からは一歩引いた形になっていた。正式に引退を決めたのは石森との王座戦での敗戦だった。「あの試合を通して、自分はもう伸びしろがないなと。僕の中でレスラーに対する美学と言うか、『プロレスラーとは』みたいのがありまして。『まだやってたの?』って言われて辞めるより『まだ出来るのになんで辞めんの!?』って言われて辞めていったほうがレスラーらしいなと」と決断に至った経緯を説明。「レスラーっていうのは強くなければいけない。それは山本小鉄さんや(アントニオ)猪木さんや藤原(喜明)さんに言われました。僕もそうだと思っていて、ズレが出てきた。自分の中でね。『そろそろかな』という感じはありました」と、しみじみと語った。

ライガーは2019年の残りの10カ月を使って、ゆかりのある会場、対戦相手と戦う引退ロードを歩んだ。なかでもファンの心を打ったのは、10月14日両国国技館大会での鈴木みのるとの一騎打ちだ。ライガーにとって鈴木は、もっとも仲のいい後輩のひとりだった。しかし1989年に鈴木は新日本を退団して第2次UWFに移籍。ライガーもマスクマンとして第二のレスラー人生がスタートし、別々の道を歩んだ。2人が再び交わったのは02年11月のパンクラス横浜大会でのことだ。当時引退を考えていた鈴木の対戦相手、佐々木健介が負傷により試合が流れ、その代役として名乗りをあげたのがライガーだった。この試合を機に鈴木は引退を翻意しプロレス復帰を決意したという経緯がある。

それから17年の月日が流れ、ライガーが現役引退を表明すると鈴木との遺恨が再燃。9月22日神戸ワールド記念ホール大会の8人タッグ戦では〝鬼神ライガー〟として鈴木に毒霧を噴射し反則負けを喫するなど、激しい抗争が展開された。そしてついに実現した両国大会でのシングルマッチ、ライガーは1994年2月の橋本真也戦で初披露した対ヘビー級戦闘仕様の〝バトルライガー〟でリングに上がった。無数の掌底、エルボー、張り手が飛び交う、戦いの原点とも言える2人の試合は新日本伝統のストロングスタイルを体現していた。鬼気迫る表情でエルボーを打ち込む鈴木に、ライガーも魂の叫びから掌底で応戦。最後はゴッチ式パイルドライバーに沈められ3カウントを奪われたが、試合後のリング上で横たわるライガーに向かって鈴木は座礼。不器用な後輩からの敬意を受けとめたライガーは「鈴木！ありがとうな！」と言葉を残してリングを去っていった。ジュニアのレジェンドは、その偉大なキャリアの終わりにふさわしい花道を歩みながら、20年1月の引退試合へと向かっていったのである。

オカダがMSG、ロンドンで躍動

またしても激動の1年を迎えた新日本を再び牽引したのは、やはり〝レインメーカー〟オカダ・カズチカだった。1月4日東京ドーム大会で因縁深いジェイ・ホワイトとのシングルマッチに敗れたものの、春のトーナメント「NEW JAPAN CUP」で早期復活を果たす。1回戦でマイケル・エルガン、2回戦でマイキー・ニコルス、3回戦でウィル・オスプレイをそれぞれ下すと、準決勝で石井智宏とのCHAOS同門対決を制する。3月24日新潟・アオーレ長岡大会で行われた優勝決定戦でSANADAと激突すると、ローリングラリアットからのレインメーカーで3カウントを奪い、6年ぶり2度目の優勝を飾った。

この年の「NEW JAPAN CUP」は団体の未来を占う上で非常に重要な意味を持っていた。前年まで優勝者には主要王座への挑戦選択権が与えられてきたが、今回から廃止されIWGPインターコンチネンタル王者の内藤哲也、NEVER無差別級王者のオスプレイも出場。そして優勝者は4月6日（日本時間7日）の米国・ニューヨークのマディソン・スクエア・ガーデン（MSG）大会でジェイの持つIWGPヘビー級王座に挑戦することが決定していた。同大会は米国・ROHとの合同興行という形式ではあったものの、世界的なスポーツとエンターテインメントの殿堂であるMSGで日本のプロレス団体が興行を主催するのは史上初のことだった。1978年1月に藤波辰巳（辰爾）が同会場でWWFジュニアヘビー級王座を取った試合は伝説と化しており、新日本の歴史においてもMSGは特別な場所と言える。

MSG大会の開催がアナウンスされ、チケットが発売されたのは18年8月のことで、なんと即日完売という日本の団体の興行として驚異的な売れ行きを見せた。もちろん前年まで新日本で活躍した人気者集団「ジ・エリート」の影響も大きかった側面はあるが、WWEの「レッスルマニアウイーク」に約2万人規模の大会場のチケットが即日完売した事実は、新日本プロレスの世界的注目度の高さを物語っていた。そのメインイベントに立つことの重要性と意味は誰よりもオカダ自身が分かっていた。自身が米国・TNAに海外武者修行していた11年、当時のIWGPヘビー級王者・棚橋弘至が「いつかMSGで試合をしたい」と口にしたのを聞いた時には「何言ってるのかな。無理でしょ」と感じた。しかしそれから8年後、オカダは夢にすら見られなかった場所にたどり着いたのだ。

団体にとって歴史的興行となったMSG大会「G1　SUPERCARD」は1万6534人札止め（主催者発表）の観衆を集めた。MSGの大観衆から「オカダ」コールを一身に受けたオカダは、IWGPヘビー級王者・ジェイと激突。レフェリーの死角を突いた急所攻撃を浴びながらも、執ように狙われたブレードランナーだけは決めさせない。レインメーカーとブレードランナーの高度な切り返し合戦から旋回式のツームストーン・パイルドライバーを発射。最後は渾身のレインメーカーで、約10カ月ぶ

2019年 4月6日、ROHとの共催ながら新日本がアメリカ・ニューヨーク MSGで初興行を開催。オカダはメインでジェイ・ホワイトを破りIWGPヘビー級王座奪取

りのIWGPヘビー級王座奪回に成功した。プロレスの殿堂で最高の結果を出したオカダは「入場の時に見た景色はすごかった。東京ドームとはまた違う景色だと思うし、あの景色を見れるのは、本当に世界中で限られた人間だと思います。最高の思い出ができましたし、これで終わりじゃなくまた戻って来たい。本当に、これだけのお客さんが入ったら、日本のプロレスの力っていうのを見せることができたと思いますし、胸を張って日本に帰りたいと思います」と感慨深げな面持ちで語った。

新日本の海外進出はこの翌年、新型コロナウイルスの世界的蔓延により、MSG大会以上の熱狂を生み出すことができていない。しかしそれでも「日本のプロレス」の魅力を世界に発信した意義は極めて大きい。さらにオカダはMSG大会直後の4月12日、かねて交際が報じられていた声優・三森すずこの結婚を発表。公私ともに充実の1年となった。

オカダは5月4日福岡国際センター大会でSANADAを下し初防衛に成功すると、6月9日大阪城ホール大会ではAEW所属となったクリス・ジェリコを迎え撃ちV2。超大物挑戦者のあとは8月31日(日本時間9月1日)に英国・ロンドン大会で鈴木みのるを下して3度目の防衛に成功と、さらにIWGPヘビー級王座の世界的な価値を高めていく。そして10月14日両国国技館大会では、再びSANADAを相手に4度目の防衛を果たし、20年東京ドーム大会に王者として出場を決める。翌年のドーム決戦は、団体として史上初の1月4日&5日の2連戦で開催されることが決定していた。そしてこの東京ドーム2連戦でも、これまでの常識を覆す戦いが待っていたのである。

AEWか、新日本か…飯伏が下した決断

盟友関係にあったケニー・オメガが退団し米国の新団体・AEWに移ったことで、ゴールデンスター・飯伏幸太の去就も注目されていた。1月4日東京ドーム大会でウィル・オスプレイに敗れNEVER無

差別級王座を失った飯伏は脳震とうを起こし、当然メインのケニーのセコンドにつくこともできず、その後の大会も欠場を続けていた。退団・離脱者たちが出揃った2月11日のエディオンアリーナ大阪大会に姿を現し「僕は…新日本プロレスに残ります！　僕はどこにも行きません。ここで、新日本プロレスで全力を尽くしていきたいと思います。ここで、たくさんの人にもっとプロレスを広めていきたい」と宣言した。ＡＥＷからも当然巨額のオファーがあったと見られるが、飯伏は残留を決断したのである。

春の「ＮＥＷ　ＪＡＰＡＮ　ＣＵＰ」から復帰した飯伏は、優勝こそ逃したもののＩＷＧＰインターコンチネンタル王者・内藤哲也を破り挑戦権を獲得する。4月6日（日本時間7日）の米国・ニューヨークのマディソン・スクエア・ガーデン大会で唯一の日本人対決となった内藤との王座戦を制し初戴冠を果たした。プロレスの殿堂で憧れのインターコンチネンタル王座を獲得した飯伏は、試合後のリング上でベルトを抱きしめて喜びを表現。さらに4月20日愛知県体育館でザック・セイバーJr.を下して初防衛に成功すると、新日本再入団を発表した。

飯伏は16年2月にダブル所属していたＤＤＴと新日本を同時に退団。以降はフリーとして活動していた。22日に行われた会見では再入団について「いろいろなところでいろいろな経験を積んで。まあ、もともとボクは中学生のころからもう新日本プロレスに入ろうと思って。でも、やっぱり『新日本プロレスに入れない』と思って、いろいろなところを、インディー団体を渡り歩いてきたので、気持ちは変わってないですね。べつに遠回りをしたとも思っていないし。むしろ、いい経験をしたなと思っています。自分のキャリアとして、ここから10年なのか、20年なのかわからないですけど、自分のピークはここからなのかなと。自分の最後の場所として、ここを選びました」と説明。同席した菅林直樹会長の前で「もうここを最後だと思っているので。ええ。死ぬまで。終わるまで。ハイ。それがボクの契約期間です」と覚悟を明かした。

覚悟、そして責任感を増した飯伏は、これまで以上に新日本のリングで躍動する。6月9日大阪城ホール大会で内藤にリベンジを許しインターコンチネンタル王座を失ったものの、真夏の祭典「G1 CLIMAX」で再びまばゆい光を放つ。KENTA、EVILには敗れたものの、棚橋弘至、オカダ・カズチカ、ウィル・オスプレイ、SANADA、バッドラック・ファレ、ザック・セイバーJr.、ランス・アーチャーを撃破。7勝2敗の好成績でAブロックを1位突破する。8月12日の日本武道館で行われた優勝決定戦でBブロック1位のジェイ・ホワイトと激突した飯伏は、敵軍セコンドの外道の介入にも動じず真っ向勝負を展開した。クロスアーム式ブラディサンデーからのブレードランナーを脱出すると、カミゴェとの切り返し合戦からジェイが狙ったブレードランナーも決めさせずに短距離式ジャンピングニーアタック。スタンディング式、正調、さらに右ヒザサポーターを外してのカミゴェ3連発で悲願のG1初制覇を成し遂げた。

歓喜のリング上で飯伏は「みんなで新日本プロレスを、プロレス界を盛り上げて行くぞ！ これから新日本プロレスは新しい時代に進みます。みんな、一緒に付いて来てください」とマイクアピール。「僕のなかではずっと覚悟があった…つもりだったんですよ。いまこうやって分かったのは『そういえばあの時はそういう〝つもり〟だったな』って。今はでも、それは確信になっています。今は本当に覚悟しています」と、精神的な成長を強調した。ダブル所属、退団、そして再入団を経て、飯伏は真のトップレスラーに値する心の強さを手に入れた。

しかしかつての破天荒さ、スケールの大きさも決して失われてはいなかった。G1制覇で翌年東京ドーム大会でのIWGPヘビー級王座挑戦権利証を手にした飯伏は、一夜明け会見で驚きの提案をする。それは2日連続開催となる20年の東京ドーム大会のプランとして、1月4日大会でIWGPヘビー級王座に挑戦し、翌1月5日大会で愛着のあるIWGPインターコンチネンタル王座に挑戦するというものだった。2日連続のタイトルマッチをクリアすれば、IWGPヘビーとインターコンチネンタル2本のベルトを手にできる。しかしこの2本のベルト同時保持の野望を飯伏よりも先に掲げていた男がいた。当の飯伏と上半期にインターコンチネンタルのベルトを争っていた内藤哲也である――。

内藤が「史上初の2冠達成の偉業」に野心を燃やす

18年1月4日東京ドーム大会でメインイベントに立った内藤哲也は、プロレスラーになる前に心に決めた夢を達成したことで新たなステージへと突入していた。「今までゴール、つまり引退って全く見えてこなかったんです。そこまでの距離も分からない。でもいつかはゴールがあるものだと考えた時に、ひとつ思ったんです。『こういうレスラーがいた』『こんなユニットがあった』って、何かに名前を残すことも大事なんじゃないかな、と。記録更新っていうのはいつか抜かれてしまうし、それなら『史上初』だったり『初代』っていうところに自分の名前を残したいという欲が生まれたんです」。記録はいつか破られ人気はいつか風化する。そこで内藤は、自身とロス・インゴベルナブレス・デ・ハポンの名前を後世に残したいというエゴイズムを打ち出すようになる。そして19年2月3日の北海道・北海きたえーる大会でタイチを下しIWGPインターコンチネンタル王座初防衛に成功した内藤は「このIWGPインターコンチネンタル王座を持ちながら、IWGPヘビー級王座を狙っていきたいと思います。その偉業、皆さま、楽しみに待っていてください」と新たな野望を明かした。新日本を象徴する2本のベルトを、史上初めて同時保持する王者になることを宣言したのである。

果たしてその野望を達成する最も分かりやすい方法は、IWGPインターコンチネンタル王者として「NEW JAPAN CUP」もしくは「G1 CLIMAX」を制覇することだったが、内藤はいずれの大会でも優勝を果たせなかった。ところがG1覇者・飯伏幸太が2本のベルト同時保持という共通の目標を掲げたことで、事態は大きく動き始める。9月22日神戸ワールド記念ホール大会から内藤の持つIWGPインターコンチネンタル王座を奪ったジェイ・ホワイトまでもが、〝2冠同時保持〟の野望に共鳴したのである。一つの要因には20年の東京ドーム大会の日程が1月4日&5日の2日連続開催と発表されていたことが挙げられる。2大会あるのならば、2本のベルトを一気に持つチャンスだと飯伏もジェイも目を光らせ始めたのだ。

飯伏はKENTA、EVILとの挑戦権利証争奪戦をクリアして1月4日東京ドーム大会でIWGPヘビー級王者オカダ・カズチカへの挑戦権を確定。インターコンチネンタル王座を失って一時は「2冠論争」から脱落したかに見えた内藤だったが、11月3日エディオンアリーナ大阪大会で後藤洋央紀を下して初防衛に成功したジェイにリマッチを要求し、1月4日東京ドームでの挑戦を宣言する。あとはこの2つのタイトルマッチの勝者同士が1月5日東京ドームで戦えば、史上初の〝2冠王者〟が誕生するというシチュエーションが整った。

この当事者4人の中で唯一、2冠戦に反対の立場をとっていたのがIWGPヘビー級王者オカダだった。団体最高峰王座を持つ者としてのプライドが、インターコンチネンタル王座を欲することを望まなかったのだ。とはいえファンの間では2冠戦の機運が高まっていたのも事実だった。そこでオカダはファン投票でその是非を問うことを提案。投票は11月4日から5日までの24時間という短期間、LINEアプリを使用したものだったにもかかわらず2万5007票が集まった。その内訳は賛成1万5952票、反対9055票。この結果を受けて1月5日東京ドーム大会では、4日大会のIWGPヘビー級王座戦（王者・オカダvs挑戦者・飯伏）とインターコンチネンタル王座戦（王者・ジェイvs挑戦者・内藤）の勝者同士がダブル王座戦を行うことが正式に決定した。史上初の年明け東京ドーム2連戦は、史上初の2冠王者の座をかけた、さながらトーナメントのような壮大な戦いが行われることになった。

2020
（令和2年）

内藤がIWGPヘビー&インターコンチ2冠の座を極める！猪木と復縁！新型コロナウイルスとの終わりなき戦い

2冠王・内藤、プロレスラーとして至福の瞬間

史上初めて1月4日、5日の2連戦開催となった2020年の東京ドーム大会は、史上初のIWGPヘビー級&IWGPインターコンチネンタル2冠王者の座を争う戦いとなった。まずは初日4日大会のセミファイナルで行われたインターコンチネンタル選手権は挑戦者の内藤哲也がジェイ・ホワイトをデスティーノで撃破。2冠の主唱者・内藤が、ダブル選手権への出場権を手に入れた。メインイベントではIWGPヘビー級王者のオカダ・カズチカが「G1 CLIMAX」覇者の飯伏幸太との頂上決戦をレインメーカーで制して5度目の防衛に成功。唯一2冠戦に反対していた誇り高き最高峰王者が、内藤の野望を受けて立つ立場となった。

内藤は初日のインターコンチネンタル王座戦で33分54秒、オカダはIWGPヘビー級王座戦で39分16秒のロングバウトをそれぞれ戦っていた。過酷な状況下で迎えた5日大会のメインイベントは、内藤にとって18年大会以来キャリア2度目の夢舞台だった。「ロス・インゴベルナブレス・デ・ハポン」を結成以降、内藤は「必ず」という単語を使うことを意識的に避けてきた。その言葉を使って約束したことが実現しなかった場合、ファンに嘘をつくことになるからだ。しかし2年前の16年1月4日東京ドーム

2020年の東京ドーム大会は「1・4」「1・5」の2連戦で行われた。2日目、IWGPヘビー級王者・オカダ vsインターコンチネンタル王者・内藤のダブル選手権が実現し、内藤が史上初のIWGPシングル2冠王者となった

のメインイベントでオカダに敗れた時、たった一度だけこの言葉を使った。「俺は〝必ず〟またこの舞台に戻って来るから。東京ドームでの大合唱、皆さま、楽しみに待っていてください」。

帰って来た約束の場所に立ちはだかったのは、2年前と同じくオカダだった。史上初の2冠王者となるため、東京ドームのメインで勝つため、内藤は鬼気迫る戦いを見せた。変型レインメーカー2連発を浴びながらも、正調のレインメーカーを回避するとデスティーノで形勢逆転に成功する。胸を叩きながらコーナーポストに上がるとスターダストプレスを解禁。王者の意地を見せるオカダにこれをカウント2で返されると、最後はバレンティアからのデスティーノをサク裂させて35分37秒の死闘に終止符を打った。

史上初の2冠王者という歴史的快挙の裏で、内藤は人知れず〝引退危機〟に陥っていた。前年の夏ごろから精彩を欠いていた理由として、実は目の不調を感じていたのだ。ロープが何重にも見えて、相手もよく見えない。プロレスに集中できない状況が続いていた。夏に入ると、リング上でひどいめまいを覚える日もあった。「このままプロレスやらなきゃいけないのかな…」と苦悩の日々が続いた。ようやく症状が判明したのは9月に受けた大学病院での検査。「右目上斜筋麻痺」と診断された。目を内下方に引っ張る筋肉（上斜筋）の動きの悪化により複視（物が二重に見える症状）を起こしてしまっていたのだ。「両目下直筋下斜筋麻痺」が回復せず引退したミラノコレクションA．T．のような身近な先輩もいただけに「目がダメになると引退はあり得るんだという意識はあって正直、焦りはすっごいありました」と当時を振り返る。

唯一といっていいオフが設けられた「ワールドタッグリーグ」期間中の11月29日に都内で極秘手術。ドームという大舞台を考えればギリギリの選択だったが、無事に成功し不安は解消された。フル出場に強いこだわりを持つ内藤は、他選手を比較しても年間の出場試合数が極めて多い。古傷の右ヒザを筆頭に、肉体は満身創痍だ。それでも「ケガのリスクなんて分かった上で、リングに立ってますからね。俺に限らずみんなそうだと思うし。目の手術をしたからこれからは楽な試合をしていこうなんて、そんなつもりは全くないです。これが俺の生き方ですから」と、今できる最大限のパフォーマンスを日本全国に届けることにプライドを持ってリングに上がり続けている。

選手生命の危機をも乗り越え、悲願だった東京ドームのメインイベントで勝利を収めた。その上で手に入れたのは、史上初のIWGPヘビー級&インターコンチネンタル2冠王者の称号だ。「オカダ！東京ドームのメインイベントでの勝利、ものすごく気持ちいいな。またいつか、東京ドームのメインイベントで試合しようぜ」と2年前に同じ舞台で言われた言葉を引き合いに出した内藤は「俺は東京ドーム2連戦のことを、忘れることはないでしょう。この2本のベルトとともに！前へ進みたいと思います」と宣言。まさしくキャリア絶頂の瞬間かとも思われたリング上だったが、ここで悪夢が待っていた。

ロス・インゴベルナブレス・デ・ハポンのメンバーの名前を列挙し代名詞の「デ・ハ・ポン！」の大合唱をしようとしたその瞬間、背後からなんとKENTAに襲撃されKOされてしまう。東京ドーム2連戦で繰り広げられた壮大なドラマ、そして内藤とファンが待ち望んだクライマックスをぶち壊したKENTAの蛮行は会場に大ブーイングを巻き起こし「史上最悪のバッドエンド」とも呼ばれた。もちろん内藤もやられたままでは終わらなかった。2月9日大阪城ホール大会では、強硬手段でトップ戦線に割り込んできたKENTAの挑戦を退け初防衛に成功。当時の内藤は2本のベルトを保持するに至った経緯を踏まえて、防衛戦はあくまで別々に行っていきたいという意向を示していた。しかし団体はこれを認めず、防衛戦はその後も全て2冠戦として行われていき、それが結果的に新たな展開を生み出していく。

ちなみに東京ドーム2連戦は土日開催という日程にも恵まれ初日が4万8人、2日目が3万63人（ともに主催者発表）で合計7万人を動員した。超満員にこそならなかったが、初日の4万人超えは実数発表に切り替えられて以降で最高の数字。新日本プロレスの勢いはまさにとどまることを知らず、いよいよ単日開催ならば悲願だった超満員の光景が復活するのではないかというところまで来ていた。しかし結果的には22年現在、東京ドームの動員はこの年がピークとなってしまった。その理由は新型コロナウイルスという未曽有のパンデミックが発生したからだ。

オカダの猪木発言の真意

合計約7万人を動員した東京ドーム大会で、レスラー人生を終えたのが獣神サンダー・ライガーだった。1984年3月にデビューした山田恵一が英国遠征中に消息不明になった直後の89年4月の東京ドーム大会でデビュー。歴代最多11度のIWGPジュニアヘビー級王座戴冠記録を持ち、長年にわたりトップ選手として新日本ジュニアの黄金期を築いた。94年には団体の垣根を超越したジュニアオールスター戦「スーパーJカップ」を開催し大きな成功を収めるなど他団体選手とも積極的に交流し、業界にジュニアヘビー級の確固たる地位を築いた功績はとてつもなく大きい。

2019年3月に、翌年1月の東京ドーム大会を最後に引退することを表明していたライガーの引退試合は、20年1月4日・5日東京ドーム2連戦両日にわたって行われた。初日4日大会では「引退試合Ⅰ」として藤波辰爾&ザ・グレート・サスケ&タイガーマスクと組んで、佐野直喜&大谷晋二郎&高岩竜一&田口隆祐組との8人タッグが実現。少年時代に憧れレスラーを志すキッカケとなった存在の藤波と同じコーナーに立ち、自身のキャリアに縁深いメンバーが集結した豪華絢爛マッチだった。田口の〝どどん〟でピンフォール負けを喫したライガーは、パートナーたちに感謝の言葉を述べて翌日の「引退試合Ⅱ」に向かった。

ライガーが2020年1・4&5東京ドーム2連戦で引退。31年の現役生活に幕を下ろした（写真は1・4、藤波辰爾、ザ・グレート・サスケ、タイガーマスクらとタッグ結成）

正真正銘のラストマッチは、ジュニアの未来を託す戦いとなった。同期の佐野と最後のタッグを結成し、高橋ヒロム&リュウ・リー（ドラゴン・リー）組というこれからのジュニアを背負っていく2人と対戦。第1試合であまりに有名な入場曲「怒りの獣神」が東京ドームに鳴り響くと、会場のボルテージはいきなり最高潮に達する。ロメロスペシャル、掌底、垂直落下式ブレーンバスターとキャリアを支えた得意技を連発したが、最後はヒロムのTIME BOMBで3カウントを奪われ力尽きた。

リング上で大の字に倒れ込んだライガーは、バトンを託したヒロムにたったひと言だけ「ありがとう」とつぶやいた。このやりとりには背景がある。ライガーは1998年1月4日東京ドーム大会で長州力の引退試合に出場。5人掛けマッチの最後の相手として対戦し敗れた。自身の引退試合を前に「あの試合でラリアットもらってひっくり返ったとき、フォールされながら『あとは頼んだぞ』って言われたんだよ。俺は『頼んだぞ』ではないけど『あとはもう俺じゃない。お前が頑張れよ』って言って引退したいね」と振り返っていた。「あなたがつくってきたジュニアを、俺が必ず頂点に持っていきます」と絶叫するヒロムの覚悟と責任感を感じ取り、心置きなく去れることに感謝の言葉を口にしたのだ。

平成元年に東京ドームで誕生したライガーは、東京ドームで31年間のキャリアに終止符を打った。バックステージには〝生みの親〟である漫画家の永井豪先生、さらに親交が深かった故橋本真也さんの長男・大地も登場して労いの言葉を送られた。「ファンの皆様が『まだできるじゃない』『もったいない』『辞めないで』…そういう言葉を発してくれた。それが僕の中で100点満点の引退試合だったなと思います。何も思い残すことないよ。新日本の未来は明るいなと思うし、僕はもう言うことないし、解説席から試合見て『すげえ！』ってプロレスファンに戻って叫んでいたいと思います。それから天国にいる橋本真也選手に。俺もレスラー人生終わったよって言いたいですね」。

団体のOBとなったライガーは引退後もマスクを被り続け、現役時代と変わらぬ姿でテレビ解説者やユーチューバーとして活躍。こよなく愛する道場にも顔を出し、後進の育成にも一役買っている。また世界最大団体WWEからは名誉殿堂「ホール・オブ・フェーム」の2020年度の殿堂者という最高の栄誉が贈られた。日本人プロレスラーのWWE殿堂入りはアントニオ猪木、藤波以来3人目という快挙で、世界中のプロレス関係者からリスペクトされていることが改めて証明された。

ドーム2連戦翌日の6日大田区総合体育館大会で行われたライガーの引退セレモニーでは、新日本の長い歴史の上でも重大な意味を持つ出来事があった。06年7月を最後に新日本の会場から姿を消していた団体創設者・アントニオ猪木がなんとVTRでサプライズ登場。ライガーの師匠にあたる猪木は「31年よく頑張りましたね。（今後も）次の世代に夢を贈れるように頑張ってもらいます」とエールを送ると、代名詞の「1、2、3、ダー！」のフレーズで会場を沸かせた。ビジョンの中とはいえ実に13年半ぶりに新日本の会場に猪木が登場したインパクトは大きく、長らく続いていた険悪な関係の〝雪どけ〟を予感させた。

これを受けてさらなる行動に移したのがオカダ・カズチカだった。2月2日北海道・北海きたえーる大会でタイチとのシングル戦に勝利後に「僕が今、気になっている人のことを言わせてください。アントニオ猪木！」と団体創設者の名前を絶叫。当時は詳細を語らなかったが、オカダはライガー引退セレモニーでのVTR出演を見て、両者間にわだかまりがないのであれば猪木に新日本の会場でプロレスを見てもらいたいという希望を持つようになっていた。新日本と猪木の関係は、旗揚げ50周年を2年後に控えて、大きく動き始めていた。

ライガーに続いて中西もマットを去る

ライガーの引退セレモニー翌日の7日、〝野人〟の愛称で親しまれた中西学も引退を発表した。中西は1992年バルセロナ五輪フリースタイル100キロ級に出場し、同年8月に入門。永田裕志、天山広吉、小島聡とともに「第三世代」と呼ばれ、人間離れしたパワーファイトで人気を博した。99年に真夏の祭典「G1 CLIMAX」で優勝し、09年5月には悲願のIWGPヘビー級王座戴冠。11年6月に中心性脊髄損傷の大ケガを負い、12年10月に奇跡の復帰を果たしたが、以降はトップ戦線から遠ざかっていた。

会見で中西は「首のケガが原因で、思うような戦いができなくて。ズルズルこの状態を続けるより、ケジメをつけて。昔の動きができない、そういう時期がずっとあったので。これはどうすることもできんのかと。去年の暮れくらいから会社とも話して、今回に至ったわけです。責任取るしかないなと。自分の好きだったプロレスに、こういうことをしてはいけないないと思いました」と、苦汁の決断に至った経緯を説明した。自身の理想とかけ離れた動きで、好きなプロレスを汚したくない。実直な人柄が、これ以上リングに立つことを許さなかった。

中西の引退試合は2月22日に後楽園ホールで行われた。ラストマッチでは天山&小島&永田と「第三世代カルテット」を結成し、オカダ・カズチカ&棚橋弘至&飯伏幸太&後藤洋央紀組と対戦。中西はパートナーの永田をアルゼンチン・バックブリーカーで担いで敵軍に投げつけていくという破天荒な攻撃を繰り出し、野人ファイトの真骨頂を見せつける。さらに棚橋にヘラクレスカッターを決めると、右手を天にかざし大☆中西ジャーマンを狙う。しかしこれを寸前で阻止されると、猛反撃にさらされた。後藤のGTR、飯伏のカミゴェ、オカダのレインメーカーと現トップ選手のフィニッシュホールドを連続で浴び、棚橋のハイフライフローでついに最後の3カウントを聞いた。攻める時も散る時も豪快そのもの。これぞ中西のプロレスの集大成ともいうべき戦いぶりだった。

試合後の引退セレモニーには坂口征二、馳浩、長州力、藤波辰爾と恩人でもある豪華OBたちが顔を揃え、中西は27年間の選手生活に労いの言葉を贈られた。さらに永田、棚橋ら本隊選手による胴上げで3度宙を舞った中西は「現役は終わりなんですけど、一度プロレスラーをしたからには、死ぬまでプロレスラーやと思ってますんで。マサ斎藤さんもそう言うてはりました。せやから死ぬまでトレーニングを続け、第二の人生、思いっきり歩んでいきたいと思います」とファンに別れの挨拶をした。

引退後の中西は地元・京都の実家が営む茶農家を手伝いながらプロレス界と関わり続けることを希望していた。新日本の会場にも何度か来場している。盟友・永田の30周年記念興行（22年9月11日、千葉・東金アリーナ）ではスペシャルセコンドとして大会を盛り上げた。なお中西を最後にプロレス界は五輪出場経験者のレスラーが誕生しておらず、現時点で〝最後の大物アスリートレスラー〟となっている。

新型コロナウイルス禍と内藤の秘めた思い

東京ドーム2連戦の大盛況というリング上の盛り上がりに加え新陳代謝も進んでいたこの年の新日本に、団体史上過去最大級の〝難敵〟が現れる。中西の引退から2日後の2月26日沖縄大会を最後に、新日本は興行の中止を余儀なくされる。世界的な新型コロナウイルス感染拡大に伴い、政府から大規模イベントの自粛要請が出されたのだ。直近のビッグマッチ2月9日大阪城ホール大会ではIWGPヘビー級&インターコンチネンタル2冠王者の内藤哲也と、IWGPジュニアヘビー級王者の高橋ヒロムがそれぞれ王座防衛に成功。ヘビー級とジュニアヘビー級の王者対決が恒例行事となっていた「旗揚げ記念日」3月3日大田区総合体育館大会で初の師弟対決が決定していた。ロス・インゴベルナブレス・デ・ハポンが誇る人気者同士が最高のシチュエーションで激突する一戦への期待値はとてつもなく高かったが、世界中で猛威をふるうパンデミックによって実現寸前で幻のカードとなってしまった。

3月13日には新型コロナウイルス対策の特別措置法が成立。これに基づく緊急事態宣言が4月7日に東京、神奈川、埼玉、千葉、大阪、兵庫、福岡の7都府県に出され、4月16日には対象が全国に拡大された。全国的かつ急速なまん延により、国民は生活の維持に必要な場合を除いて外出自粛をはじめ、感染防止に必要な協力を要請された。衣食住が最優先の生活に切り替わったことで、スポーツ及びエンターテインメント業界は身動きできない時期を強いられた。プロレスラーは、戦う場所を失ってしまったのだ。

大会が再開されたのは6月15日のことだった。実に110日ぶりとなった大会は、感染拡大防止の観点から無観客試合として行われ、「新日本プロレスワールド」での動画配信でファンのもとに届けられた。プロレス会場の熱狂的な空間は、レスラーのパフォーマンスとファンの声援が一体となって初めて生まれるものだ。それでもレスラーたちはいつか再びその光景が復活するものと信じ、「観客あってこそのプロレス」という固定概念を捨て去り無声援の会場でファイトを繰り広げた。再開初日の大会のメインイベントでは2冠王者の内藤がヒロム&鷹木信悟とトリオを結成してオカダ・カズチカ&YOH&SHO組と対戦。デスティーノで勝利を飾るとマイクを握り「新日本プロレス、そして我々ロス・インゴベルナブレス・デ・ハポンが3カ月半ぶりに帰って来たぜ、カブロン！　しばらくは無観客試合が続きますが、また皆さまの前で試合をし、一緒に大合唱できるその日を楽しみに待ってますよ」と画面の向こうのファンに呼びかけた。また内藤は翌日発行の東京スポーツに手記を寄せ、こうも明かしている。「試合がやりたくてもできない状況になってみて、改めてお客様の大歓声を受けながら試合をしていた『日常』が、すごくぜいたくな時間だったんだなと再確認しましたね（中略）。コロナの影響で、いろいろな面で苦しんでいる人がたくさんいると思います。そういう方々に『歯を食いしばって立ち上がっていくプロレスラーの姿』をお見せしたいし、何かを感じ取ってもらえたらうれしいなと」。観客もいない、声援もない空間ではあったものの、止まっていた新日本は確かに動き出した。

内藤に造反したＥＶＩＬが独自の地位を確立

翌日の6月16日配信大会からは、中止期間に行われるはずだった「ＮＥＷ　ＪＡＰＡＮ　ＣＵＰ」が開幕した。優勝者に内藤の持つ２冠王座への挑戦者が与えられるトーナメントには、階級の枠を超えた32選手がエントリー。無観客開催の８大会にわたって１回戦から準決勝が行われ、オカダ・カズチカとＥＶＩＬがそれぞれ勝ち上がって決勝戦に駒を進める。そして迎えた7月11日の大阪城ホール大会は、実に１３６日ぶりの有観客大会として開催された。当時の自治体のレギュレーションに基づき、会場は収容人数の約３分の１となる３５００席を上限として観客のソーシャルディスタンスを確保。さらに感染防止のため大声での声援・応援は自粛が要請された。試合が始まると、観客は客席からいつも以上の大きな拍手を巻き起こし、選手のファイトを支えた。かつての会場で定番だったチャントやカウントをともに数える「ワン・ツー・スリー」の合唱は消え、代わりに手拍子が起きる新たな応援方法がここからスタートする。

しかしその記念すべき再スタートの大会に絶望をもたらしたのが、小島聡、後藤洋央紀、ＹＯＳＨＩ－ＨＡＳＨＩ、ＳＡＮＡＤＡをラフファイトで下して勝ち上がってきたＥＶＩＬだった。オカダのマネークリップ（変型コブラクラッチ）に捕獲され絶体絶命のピンチに陥ると、両陣営に無関係の「バレットクラブ」の高橋裕二郎と外道が乱入。これで試合の流れが一変すると、最後は急所攻撃から必殺のＥＶＩＬ（変型大外刈り）を決めて「ＮＥＷ　ＪＡＰＡＮ　ＣＵＰ」初制覇を果たした。

２０１６年10月に内藤の〝最初のパレハ〟としてロス・インゴベルナブレス・デ・ハポンに加入したＥＶＩＬだったが、ＩＷＧＰヘビー級王座や「Ｇ１　ＣＬＩＭＡＸ」といったビッグタイトルには縁がなく、直近ではＳＡＮＡＤＡや鷹木信悟といった他メンバーの影に隠れてしまっていた。ついに結果を残して2冠王者・内藤との同門王座戦が実現するかに思われたが、試合後のリング上ではなんと内藤にも必殺技EVILを浴びせてKO。これを合図に外道、邪道、裕二郎、石森太二が姿を現し、まさかのバレットクラブ電撃加入を果たした。

衝撃はこれだけでは終わらなかった。翌12日の大阪城大会で内藤に挑戦したEVILは、試合終盤にBUSHIのマスクを被ったセコンドを介入させる。ワイヤーチョーク攻撃のアシストを受けて一気に優勢に転じると、急所へのストンピングから必殺技EVILをサク裂させて3カウントを奪取。IWGPヘビー級&インターコンチネンタル2冠王座を強奪した。

BUSHIのマスクを被っていた男の正体はディック東郷で、この日を境にEVILとの共闘関係がスタートした。手段はともあれ、新日本の最高峰王座を獲得したEVILは「この俺が（NEW JAPAN CUP）覇者で（2冠）王者の3冠王だ。この野郎。内藤はもう終わりだよ。そして俺が新しいパレハを紹介してやる。この男、ディック東郷だ」と不敵に宣言。裏切りにあったロス・インゴベルナブレス・デ・ハポンから高橋ヒロムが次期挑戦者に名乗りをあげると、7月25日愛知・ドルフィンズアリーナ大会で返り討ちにして初防衛に成功する。この試合もセコンドの東郷を介入させるダーティファイトのオンパレードだった。相次ぐバッドエンドにも観客はコロナ対策でブーイングを自粛要請されていたため、会場はやり場のない怒りで充満していた。

EVILは8月29日の東京・明治神宮野球場大会で内藤にリベンジを許して2冠王座から陥落するが、この年の造反によって確固たる地位を築き上げた。CHAOSが本隊との共闘関係を結んでいるため、当時の新日本の反体制派ユニットはバレットクラブ、鈴木軍、ロス・インゴベルナブレス・デ・ハポンの3つ。その中で最も勝つために手段を選ばない、そしてファンの反感を買う極悪非道なファイトスタイルで暴れまわっていくことになる。翌21年には東郷、裕二郎、SHOとともにバレットクラブ内チー

ロス・インゴベルナブレス・デ・ハポンのパレハ（仲間）であるEVILが内藤に造反し、IWGPヘビー級&インターコンチネンタル2冠を強奪（2020年7・12大阪城ホール）

ム「ハウス・オブ・トーチャー」を結成。かつての面影はどこにもなく、良くも悪くも新日本のリングの中で異質な存在感を放っている。

G1連覇の飯伏に試練が降りかかる

この年はコロナ禍によって56年ぶりの開催が予定されていた東京五輪も中止になるなど、プロレス界のみならず社会全体に閉塞感が漂っていた。五輪の日程に伴って秋開催となった「G1 CLIMAX」は予定通りに行われたものの、感染拡大防止のため収容人数は規制され、公式戦が行われないブロックの選手は大会自体に出場しないなど1大会の規模縮小を余儀なくされた。しかしそんななかでも見る者に光を与えたのが〝ゴールデン☆スター〟飯伏幸太だった。

前年度覇者としてAブロックから連覇を狙った飯伏は、鷹木信悟とジェイ・ホワイトに敗れながらもジェフ・コブ、オカダ・カズチカ、石井智宏、ウィル・オスプレイ、鈴木みのる、タイチ、高橋裕二郎に勝利し7勝2敗で1位通過。10月18日両国国技館大会でBブロック1位のSANADAとの優勝決定戦に臨んだ。終盤のオコーナーブリッジを3カウント寸前の際どいタイミングで返すと、コリエンド式Skull Endを逃れてハイキック一閃。その場飛びジャンピングニーからカミゴェをサク裂させると、最後はトドメのカミゴェを叩き込み、大会史上最長を更新する35分12秒の死闘に終止符を打った。

3年連続の優勝決定戦進出は史上初、大会連覇は蝶野正洋、天山広吉に続いて史上3人目の快挙だった。観衆は過去のG1優勝決定戦には遠く及ばない2928人（主催者発表）にとどまったが、飯伏は「こういう時代にこんなにたくさん集まってくれて、本当にありがとうございます。僕は早く前みたいなプロレスの時代が来ることを願っているので。一刻も早くこのG1をIWGPヘビー級のベルトに変えたいと思います。そして！　いつも言ってますよ。僕は『逃げない、負けない、諦めない』。そして、裏切らなかった。僕は、本当の神になる！」と感謝の言葉を口にした上で決意表明した。

しかし飯伏にはここから、まさに茨の道が待っていた。G1制覇によって翌年東京ドーム大会でのIWGPヘビー級&インターコンチネンタル2冠王座への挑戦権利証を獲得。これをかけて11月7日エディオンアリーナ大阪大会でジェイ・ホワイトとの争奪戦に臨むと、カミゴェをかわされての逆さ押さえ込みで3カウントを奪われてしまう。ジェイの両足がトップロープにかかっていた反則をレフェリーが見逃す不運があったものの、12年大会の優勝者オカダ・カズチカが獲得してから続いてきた翌年東京ドーム大会での最高峰王座挑戦権利証は、史上初めてG1覇者から挑戦者の手に移動してしまう。「こんな現実があるんですか…。本当にこれからだったのに…でもレフェリーが3カウント叩いたわけだから…。こんなところで終わっていいのか…？　この現実が受け入れられない」とうなだれた飯伏は、時間の経過とともに「反則じゃねえか。全然負けてないよ。ロープ、なんでレフェリーは見てないの？　ちゃんとチェックしてから3カウント叩いて。俺はまだ諦めてないから」と主張しはじめ怒りをあらわにした。

一時は東京ドームへの道が途絶えたかに見えた飯伏だったが、ここから事態は急展開する。21年の東京ドーム大会も1月4日、5日の2日連続開催となったことを受け、ジェイは初日を休養日に充てて2日目の5日大会で王座に挑戦することを要求。その一方で2冠王者の内藤は2日連続でのタイトルマッチを希望した上で、初日大会の挑戦者に「いま一番戦いたい相手」としてG1覇者の飯伏を指名した。ジェイの要求と内藤の希望、この2つが通ったことで、飯伏は「初日大会の挑戦者」として21年東京ドームのメインイベントへの切符を手に入れた。権利証争奪戦に敗れたにもかかわらず東京ドームでタイトルに挑戦できるという一見すると本末転倒な話ではあるものの、とにもかくにも21年の東京ドームのメインテーマは飯伏、ジェイ、そして王者・内藤の3つ巴の抗争の決着戦となった。

オーカーン、ワト、デスペラード…新戦力の台頭

20年の「G1 CLIMAX」では新たな動きも誕生した。10月16日両国国技館大会で行われたAブロック最終公式戦でCHAOSのウィル・オスプレイはオカダ・カズチカとの同門対決に出陣。試合終盤にマネークリップで捕獲された窮地に救出に訪れたのは、スターダムで活躍していたビー・プレストリーと、英国・RPWで2年間無敗を誇っていたグレート-O-カーンだった。オーカーンのエリミネーター（変型チョークスラム）のアシストを受けたオスプレイは、必殺のストームブレイカーを決めてオカダを撃破してみせた。

オスプレイは16年にオカダにその才能を見出され、新日本に参戦。CHAOSの一員として活躍し、同年の「ベスト・オブ・ザ・スーパージュニア」で初出場初優勝を達成するなど一躍ジュニアヘビー級のトップ選手として活躍した。19年にはNEVER無差別級王座戴冠、G1初出場を果たしヘビー級でもその実力を発揮していた。この日の行動は兄貴分・オカダに対し反旗を翻すことを意味していた。決着がついたにもかかわらずオカダの後頭部にヒドゥンブレード（後頭部へのランニングバックエルボー）を叩き込んで完全決別を宣言した。「俺はもう長いことオカダを倒す準備をしていた。2番目でいる気持ちがお前らに分かるか？　俺はずっとあいつの影に隠れていた。俺が素晴らしい試合をしてもスポットライトを浴びるのは、ブシロードと新日本の顔であるオカダだった。でも俺だって全く引けを取っていない。今こそ変化の時だ」。オスプレイはオーカーンとともに新ユニット「ジ・エンパイア」の結成を表明した。11月にはレスリングのグアム代表としてアテネ五輪出場経験も持つジェフ・コブも加入し、翌年には「ユナイテッド・エンパイア」とユニット名を変更して新日本マットの新興勢力となった。

一人称に「余」を使い個性的なキャラクターとして後に人気を博すオーカーンだけでなく、この年の

7月には「グランドマスター」を目指す男としてマスター・ワトも新日本マットに参入。ニューカマーたちがリング上を盛り立てていくことになる。ちなみに「グランドマスター」が具体的に何を指しているかは22年現在明らかになっていない。

また秘めていた潜在能力を開花させた者もいた。新型コロナウイルス感染拡大の影響により延期となり、年末の「ワールドタッグリーグ」と同時開催されたこの年の「ベスト・オブ・ザ・スーパージュニア」では、鈴木軍のエル・デスペラードがブレイクのキッカケを掴む。デスペラードは1ブロック制で行われたこの年のリーグ戦を7勝2敗の勝ち点14で1位突破。2位の高橋ヒロムと12月11日の日本武道館大会で決勝戦に臨んだ。試合中にマスクを引き裂かれたデスペラードは、そのまま素顔で最後まで戦い続けた。

鬼気迫る張り手の応酬から狙ったピンチェ・ロコ（変型バスター）を回避されると、最後はＴＩＭＥ ＢＯＭＢからＴＩＭＥ ＢＯＭＢⅡの波状攻撃で逆転負けを喫したが、この試合はデスペラードの〝出世試合〟となった。「チクショウ…。俺の同期、最強だろう？ でもな、リング上にはな、高橋ヒロムとエル・デスペラードしかいなかったよ、今日は」。ヒロムを「同期」と呼ぶマスクマンは、リーグ戦の頂にこそ立てなかったものの絶大なインパクトを残した。

デスペラードの台頭、オーカーン、ワトの出現。コロナ禍にあって3月以降は暗い話題が続いていた新日本マットだったが、新しい力は着実に育っていたのである。

2021
（令和3年）

ヘビーとインターコンチを統一！山あり谷ありの「IWGP世界ヘビー級王座」誕生劇

IWGP世界ヘビー級王座新設をめぐる賛否

２０２１年１月４日、５日東京ドーム大会２連戦のメインイベントでは、ＩＷＧＰヘビー級＆インターコンチネンタル２冠王者・内藤哲也と挑戦者の飯伏幸太、ジェイ・ホワイトによる３つ巴の抗争が行われた。まずは初日の４日大会で飯伏が内藤に挑戦。飯伏は前年にジェイに敗れ挑戦権利証を失っていたものの、立場は「Ｇ１　ＣＬＩＭＡＸ」連覇達成者であり事実上の頂上決戦だ。同い年で「昭和57年会」として切磋琢磨してきたライバル・内藤と東京ドーム・メインイベントという大舞台で対峙した飯伏は、2人にしかできない激しい攻防を展開。フェニックス・スプラッシュを回避されコリエンド式デスティーノで逆転を許したが、バレンティアからの正調デスティーノは逃れてショートレンジ・ジャンピングニーアタックをサク裂させる。最後は必殺のカミゴェで、新２冠王者に輝いた。

これまで飯伏はＩＷＧＰジュニアヘビー、ジュニアタッグ、タッグ、インターコンチネンタルに加えてＮＥＶＥＲ無差別級王座を戴冠。さらには「ベスト・オブ・ザ・スーパージュニア」、「ＮＥＷ　ＪＡＰＡＮ　ＣＵＰ」、「Ｇ１　ＣＬＩＭＡＸ」も優勝経験を持っており、ＩＷＧＰ　ＵＳヘビー級を除く全てのタイトルを手にしたことになる。とりわけ歴史の長いＩＷＧＰヘビーとジュニアのシングル＆タッグ王座を史上初めて全て巻いた事実上の〝2階級完全制覇〟の功績は大きい。そしてその勢いのまま、翌5日にはジェイを相手に初防衛に成功。前年の権利証争奪戦のリベンジを果たすとともに、史上初めて東京ドーム2連戦で2夜連続メインイベントに勝利という快挙を成し遂げる。5日大会終了後のリング上で飯伏は「逃げない、負けない、諦めない、そして絶対裏切らない。そして！　本当の神に、なったー！」と勝ち誇った。

〝本当の神〟となったと主張する飯伏は大会後に新たなプランをぶち上げる。「言いたいことがあります。この〝最高〟のインターコンチネンタルのベルトと、〝最強〟のIWGPヘビー級のベルト、これを一つにしたい。僕は最高も最強も欲しいし、誰も（20年1月の2冠王者誕生以来）インターコンチだけ挑戦したり、IWGPだけに挑戦していない。じゃあ何の存在意義があるんですか、2冠に。僕はこれを一つにしたいと思います。そして本当の夢を叶えたいと思います。ここからプロレスはどんどん広がると思います。広めるために僕は統一したい」と、IWGPヘビーとインターコンチネンタルの統一を宣言した。

IWGPヘビーは最強であり、インターコンチネンタルは最高。飯伏の価値観ではまさしくその通りであっただろうが、統一とはすなわち、両王座の歴史にそれぞれ終止符を打つことを意味するため、ファンからの反発は強かった。飯伏は2月11日広島サンプラザホール大会でSANADAを下し初防衛に成功すると、〝統一反対〟を掲げる前2冠王者・内藤の挑戦表明を受ける。本来であれば2冠王者時代に別々に両王座の防衛戦を行いたいと主張してきた内藤は、今度は挑戦者の立場から常に2冠戦として防衛戦が行われてきた流れを断ち切るため、あえてインターコンチネンタル王座にのみ挑戦を表明する。自身がインターコンチネンタルのベルトだけを取れば、必然的に2本のベルトは分離され、再びそれぞれの王座の独立性を取り戻せると考えていた。

統一か、再分離か。新日本の歴史の分岐点となるインターコンチネンタル王座戦は２月28日に大阪城ホール大会で行われ、飯伏に軍配が上がった。これを受け翌３月１日、菅林直樹会長は飯伏の要望を認め両王座を統一した「ＩＷＧＰ世界ヘビー級王座」の新設を発表する。飯伏はＩＷＧＰヘビーとインターコンチネンタル両王座の歴史と伝統を守った上での統一を理想として掲げてきた。２本のベルトの理念は新ベルトに引き継がれるが、両王座はともに封印という扱いとなった。

　飯伏は３月４日の日本武道館大会でＩＷＧＰジュニアヘビー級王者エル・デスペラードと最後のＩＷＧＰヘビー＆インターコンチネンタル２冠王座戦を戦い、防衛に成功。この勝利によって初代ＩＷＧＰ世界ヘビー級王者となることが決定した。そして同王座の新ベルトは、３月30日の後楽園ホール大会で飯伏に渡された。リング上の飯伏は「インターコンチのベルトとＩＷＧＰのベルト、これを一つにする。それの意味がみんなあまり伝わらなかったかも知れない。でも僕は２つのベルトが大好きだったからこの一つのベルトにして、このベルトを日本だけじゃなく、世界に向けて、そして今までの歴史を絶対に継いだまままもっともっと大きく、新しくしていきたいと思います」と所信表明した。

　このわずか３カ月のあいだで行われたベルト統一には賛否両論が巻き起こっていたが、結果的に当時のファンから納得が得られたとは言い難い。１９８７年６月にアントニオ猪木が初代王者に認定されて以降34年にわたり新日本の最高峰王座として認知されてきたＩＷＧＰヘビー級と、11年５月の新設から独創的な戦いの連続で新たな価値観を確立したインターコンチネンタルの両王座が、結果的にその形を失うことに対する反発の方が強かった。何より飯伏からも団体からも、統一する理由と必然性に関する言葉が不十分だった印象が強い。

　とはいえ新しいことを始めるのに、批判的な声はつきもの。揺るがない信念を貫いてベルト統一を果たした飯伏は、初代王者として戦いで己の正当性を証明していく義務を負った。ところが、待っていた

2021年1・4東京ドームで内藤を破った飯伏がIWGPヘビー級&インターコンチネンタル2冠王に。2冠王座の統一を提唱する飯伏の主張が認められ、統一王座「IWGP世界ヘビー級王座」が新設された（写真は3・30後楽園ホール、初代王者に認定された飯伏にベルトを贈呈）

のはまさに茨の道だった。飯伏は4月4日両国国技館大会の初防衛戦でベルトを失い、以降も思いもよらなかったアクシデントに見舞われ続けることになる。

オスプレイが「世界」王座にこだわる理由

初代IWGP世界ヘビー級王者・飯伏幸太の前に立ちはだかったのは、前年10月に新ユニット「ユナイテッド・エンパイア」を結成したウィル・オスプレイだった。2012年4月に地元の英国でデビューしたオスプレイは、16年3月にオカダ・カズチカの推薦により新日本マット上陸を果たす。いきなり同年の「ベスト・オブ・ザ・スーパージュニア」で初出場初優勝を飾ると、ジュニアヘビー級のトップ選手として活躍した。19年に「G1 CLIMAX」初参戦を果たすと20年から本格的にヘビー級に転向。同年のG1最終公式戦（10月16日、両国国技館）でオカダと激突すると、グレート-O-カーンを乱入させて勝利を強奪する。

CHAOSから離脱したオスプレイはオーカーン、ジェフ・コブとともに「ジ・エンパイア」を発足させ、翌年には「ユナイテッド・エンパイア」に改名。新世代のユニットとして侵略を開始する。春の「NEW JAPAN CUP」では天山広吉、ザック・セイバーJr.、SANADAを立て続けに破って優勝決定戦に進出。3月21日ゼビオアリーナ仙台大会で鷹木信悟と激突した。ジュニアヘビー級時代から激闘を繰り広げてきた鷹木との壮絶な死闘を制して初優勝を成し遂げると、ユナイテッド・エンパイアのメンバーであり公私にわたるパートナーだったビー・プレストリーに決別のオスカッターを見舞って、己の天下取りのためには全てを捨ててもいいという覚悟をのぞかせた。

トーナメント制覇で挑戦権を獲得したオスプレイは、4月4日両国大会でIWGP世界ヘビー級王者の飯伏に挑戦する。雪崩式フランケンシュタイナーを着地する驚異の身体能力で試合を掌握。飯伏のカ

初のIWGP世界ヘビー級選手権でウィル・オスプレイがいきなり飯伏から王座奪取に成功（2021年4・4両国国技館）

ミゴェを浴びながらも執念で3カウントは許さない。逆に強烈なジャンピングニーで吹き飛ばすと、ヒドゥンブレード（後頭部へのランニングバックエルボー）をサク裂させ、最後はストームブレイカーでハイスピードバトルに終止符を打った。

初代王者に一度も防衛を許すことなく、ベルト統一にともない突入した新時代の扉を強引にこじ開けた。新日本初参戦からわずか5年、27歳の若さで団体最高峰王座を獲得したオスプレイだが、その道のりは決して平坦ではなかった。

「『誰もが俺の才能を疑っていた。英国ではあまりプロレスがメジャーではない。プロレスでは生計を立てられない、と言われてきた』。レスラー活動の傍ら電気技師として働いていた22歳のとき、父のピーターさんが心臓発作で倒れ、オスプレイが家計を支える存在となった。プロレスを諦めることも頭をよぎった時期に、新日本からのオファーが舞い込んだ。異国で才能を開花させ、手にしたファイトマネーはすべて英国に住む両親に送った。

そんな両親が新日本の会場に応援に来てくれたのが19年8月のロンドン大会だった。オスプレイは『父は心臓の調子が良くないし、母は12時間以上飛行機に乗れないから、日本に来て俺の活躍を見ることはできない。けどコロナが終わったら、また俺が新日本をイギリスに連れていきたい。もちろん王者としてね』と野望を明かす。

そしてその思いは、新設王座を世界一のベルトにするためのプランにも直結する。『世界の名前が付くくらいだから、英国でも米国でもカナダでもイタリアでも台湾でも、どこでもタイトルマッチをやりたい。そうでなければＩＷＧＰ〝日本〟ヘビー級王座になってしまうだろ?』と目を輝かせた。『俺たち次世代が新日本の未来を率いていく。今まで見たことのない舞台に連れてってやろう』。若き暴君にとって、ベルト奪取は新たな伝説の序章に過ぎない」（21年4月5日発行東京スポーツ）

新時代の旗手となったオスプレイは、5月4日福岡国際センター大会で鷹木のリベンジマッチを返り討ちにして初防衛に成功する。「俺はこの団体の未来だ。誰も俺が背負っているプレッシャーの大きさを想像できないだろう。でも俺は先輩たちからバトンを受け継いだ。だから期待に応えるのが俺の役目だ」と豪語し、5月29日東京ドーム大会でオカダとのV2戦に臨むことが正式に決定した。

ところがここでアクシデントが連続で起きる。政府は4月25日から4都道府県に緊急事態宣言を発令するなど、新型コロナウイルス感染がまたしても国内で拡大。団体内にも感染者・濃厚接触者が相次いで出たことから、新日本は予定していた東京ドーム大会の延期、また5月15日開催予定の横浜スタジアム大会中止の決断を下す。さらにオスプレイ自身も、全治未定の首の負傷により王座返上を余儀なくされた。収束する気配のないコロナ禍、立て続けに起こるＩＷＧＰ世界ヘビー級王座を巡る混乱によって、団体の先行きは不透明な状況が続いていた。

鷹木がコロナ禍の閉塞感を吹き飛ばす大活躍を見せる

そんなトラブル続きの新日本に、元気ハツラツの救世主が現れる。ロス・インゴベルナブレス・デ・ハポンの鷹木信悟だ。鷹木は3月21日ゼビオアリーナ仙台大会の「ＮＥＷ　ＪＡＰＡＮ　ＣＵＰ」優勝決定戦、5月3日福岡国際センター大会のＩＷＧＰ世界ヘビー級王座戦でウィル・オスプレイに連敗。しかしそのオスプレイの負傷離脱によってＩＷＧＰ世界ヘビー級王座が返上されたため、トップコンテンダーとなっていた鷹木にまたしてもチャンスが巡ってくる。延期となった5月29日東京ドーム大会でオスプレイに挑戦予定だったオカダ・カズチカと鷹木による新王者決定戦が、6月7日大阪城ホール大会で行われた。

下馬評では圧倒的な実績を誇るオカダ優位。それを鷹木は師匠・アニマル浜口譲りの「気合」で覆した。ショートレンジラリアット2連発からのレインメーカーに対し、掟破りのレインメーカー式パンピングボンバーで切り返す。パンピングボンバーから投げ捨て式ドラゴン・スープレックスを決めると、側頭部へのスライディング式エルボーを発射。最後は必殺のラスト・オブ・ザ・ドラゴンをサク裂させて激闘に終止符を打った。

大一番での連敗から不屈の闘志で立ち上がり、ついにプロレス界最高峰のベルトを手に入れた。鷹木は「これは夢なんかじゃねえな。間違いなく現実だろ！　いろいろあったけど、今日の一戦で完全に這い上がったぞ。こうして手元にベルトがあるが、これがゴールではない！　これがスタートだ。このベルトを通行手形に、新日本プロレス…いや！　プロレス界のテッペン目指して、龍の如く駆け上がってやろうじゃねえか」と高らかに宣言した。デビューから18年、そして原点でもあるアニマル浜口ジムに入門するために地元・山梨から上京してちょうど20年目での最高峰王座獲得だった。すべての努力が報われた鷹木は『一瞬の歓喜のために、人間は苦しむんだ』って浜口さんが言っていたことを思い出すなって。20年間、諦めずにやってきてよかったなって思うよ」と、感慨深げな表情を浮かべた。

ところがＩＷＧＰ世界ヘビー級王座を巡る戦いは、その後も一筋縄ではいかないことだらけだった。鷹木は初防衛戦の相手に、同い年のレスラーで結成された「昭和57年会」のメンバーで切磋琢磨してきた同王座の初代王者・飯伏幸太を指名する。かくして7月25日東京ドーム大会での激突が決定するが、飯伏は誤嚥性肺炎のため直前のシリーズを欠場。結果的に回復が間に合わず、大会当日の午前中になって挑戦者が棚橋弘至に変更されるという緊急措置が取られた。まさに急転直下の展開にも、鷹木は動じなかった。スクランブル出撃の棚橋の猛攻を正面から受け切ると、ショートレンジ・パンピングボンバーからラスト・オブ・ザ・ドラゴンで初防衛に成功。コロナ禍、しかも東京都は緊急事態宣言の真っ只中での開催ということもあり動員は５３８９人（主催者発表）にとどまったものの、鷹木は日本プロレス

波乱続きのIWGP世界ヘビー級戦線で頭角を現してきたのが鷹木。2021年6・7大阪城ホールでオカダを破り、オスプレイが返上した王座を獲得。その後も豪快な肉弾ファイトでファンを魅了。鷹木はこの年のプロレス大賞 MVPを受賞（写真は7・25東京ドーム、棚橋戦）

界最大の舞台とも言える東京ドームのメインイベンターという初めての大役を見事に果たしてみせた。

その後も〝災難〟は続く。東京ドームのメイン終了後は、鷹木がＥＶＩＬの襲撃を受けてＫＯされるというバッドエンドとなってしまう。9月5日の埼玉・メットライフドーム（西武ドーム）大会でのＶ2戦が決定するが、王座戦を控えた8月15日に発熱症状により試合を欠場すると同18日にはコロナ感染が発表される。オスプレイは首の負傷、飯伏は誤嚥性肺炎と歴代王者が次々と欠場を余儀なくされ、ＩＷＧＰ世界ヘビー級王座はベルト新設からまるで呪われてでもいるかのようなアクシデントが連続して起きていた。しかし鷹木はここでも持ち前の気合で負の流れを断ち切った。感染が発表されてからわずか2日後には自宅で軽いトレーニングを開始し、独自の食事法で調整。メットライフドーム2連戦初日の9月4日大会で復帰を果たし、5日の王座戦では「ハウス・オブ・トーチャー」の介入をロス・インゴベルナブレス・デ・ハポンの仲間の力で封じ込めた。ＥＶＩＬを相手に2度目の防衛に成功して完全復活を証明すると「決してウイルスを舐めてはいない。だがよ！　俺はプロレスラーだ。リングに上がれば病み上がりとか後遺症なんて関係ないんだよ。俺は今日、1人のプロレスラーとして意地とプライド、そして信念を背負ってここに上がったんだ」と高らかに宣言した。

揺るがぬ信念を貫き、コロナ禍による閉塞感を打ち破った鷹木は、この年のプロレス大賞ＭＶＰを獲得する。同賞は過去10年間にもわたりオカダ、棚橋、内藤哲也の3人が分け合う展開が続いていたが、ピンチをチャンスに変えて這い上がった〝雑草男〟が風穴を開けた格好だ。しかしその一方で、ＩＷＧＰ世界ヘビー級王座には別の問題が発生していた。前王者のオスプレイは8月14日（日本時間15日）に米国・ロサンゼルス大会に電撃登場し復帰を宣言。その際に負傷による王座返上を不服として、なんと自作のレプリカベルトを持参してきたのだ。王座戦に敗れていない自身が今も王者であると主張したオスプレイは「鷹木信悟は暫定王者だ」と豪語し、手元にあるベルトで防衛戦を行っていく方針を明かす。

ただでさえ統一・新設の際にひと悶着あったＩＷＧＰ世界ヘビー級王座に、海の向こうでもう1本のベルトが誕生してしまい、またしても新たな火種が生まれてしまったのである。

混沌渦巻くIWGP世界ヘビー級王座戦線

20年1月5日東京ドーム大会でＩＷＧＰヘビー級王座を失って以降のオカダ・カズチカはなかなかトップ戦線で結果を残すことができなかった。ＩＷＧＰヘビーとインターコンチネンタル王座の統一からは蚊帳の外に追いやられ、6月7日大阪城ホール大会で鷹木信悟とのＩＷＧＰ世界ヘビー級新王者決定戦に敗れた際には「僕には縁がないベルトなのかもしれないですし」と距離を置いているかのようなコメントも発していた。

しかし長年にわたりプロレス界の主役を張り続けてきたレインメーカーは、この年の「Ｇ1　ＣＬＩＭＡＸ」で復活を果たす。コロナ禍のため1年延期された東京五輪の影響で、「真夏の祭典」は2年連続の秋開催となった。Ｂブロックにエントリーしたオカダは、9月19日エディオンアリーナ大阪大会での初戦で棚橋弘至に勝利し白星発進。くしくも同会場は凱旋帰国直後の12年2月に、棚橋を相手にレインメーカーショックを起こした地だった。「また同じ会場で…なんかグッと来ましたよ。ここでキッケをつかまないといけないと思っていました。目が覚めましたよ、棚橋弘至と戦うことによって」と手ごたえをつかむと、ここから快進撃を開始する。タマ・トンガにこそ敗れたものの棚橋、後藤洋央紀、ＹＯＳＨＩ－ＨＡＳＨＩ、ＳＡＮＡＤＡ、タイチ、ジェフ・コブ、ＥＶＩＬ、チェーズ・オーエンズを下して8勝1敗という圧倒的な成績でブロック突破を決めた。

迎えた10月21日、日本武道館大会での優勝決定戦の相手は大会2連覇中の飯伏幸太だった。しかし復権を目指すオカダと史上初の3連覇を狙う飯伏の激闘は、まさかの結末を迎える。25分過ぎに飯伏が放ったフェニックス・スプラッシュをオカダが回避。マットに落下した飯伏はそのまま動くことができなくなってしまう。大会史上初めてとなるレフェリーストップという形で、オカダの7年ぶり3度目のG1制覇が決まった。

飯伏は誤嚥性肺炎による欠場から9月4日メットライフドーム大会で復帰。その直後に迎えたリーグ戦の激闘続きで優勝決定戦時のコンディションは万全ではなかった。フェニックス・スプラッシュにおいては世界有数の使い手でもある飯伏が、同技で負傷したのは初めてのことだ。大会後日の東京スポーツの取材には「それには原因があって、体重のコントロール。今回、それまでに体重が減ったり増えたりして。フェニックスの練習はできていたんだけど、波がありすぎて。あれって100グラム違ったら全然（感覚が）違う。それくらい高度な技なので。KENTA戦（10月18日）から当日で3キロも違っていて。優勝決定戦に向けて意図的に増やしていたんですけど、疲労もたまっていただろうし…体重は間違いなく（影響が）あったのかなと」と語っている。精密検査の結果、右肩関節前方脱臼骨折と関節唇損傷と診断され、全治期間は2カ月と発表された（結局、飯伏は復帰することなく、それから1年以上が経過した23年2月1日、契約満了による退団が発表された）。

対戦相手の負傷による決着は、もちろんオカダにとっても不完全燃焼だった。試合直後のリング上では「ケガでレフェリーストップという形になってしまいましたけども、僕は胸を張ってG1のチャンピオンだと言いたいと思います！　日本全国で熱い戦いをしてきたという自負もありますし、勝ちは勝ちです。俺が盛り上げていかないと、面白くないでしょう。任せて下さい。新日本プロレス、また俺がいろいろと背負いたいと思います」と堂々と振る舞ったが、飯伏の無念は察するに余りあった。そこでオカダは奇想天外な提案を持ちかける。「新日本プロレスにひとつ、お願いさせてください。飯伏幸太とまたやらせてください。その飯伏幸太を待つ証しとして、4代目IWGPヘビーを俺に預けてください」。

オカダは翌日の一夜明け会見で、飯伏の王座統一によって封印されてしまったＩＷＧＰヘビー級王座のベルトを、例年のＧ１覇者に与えられてきた挑戦権利証代わりに使用したいという意図を追加説明。これが認められ、優勝決定戦からわずか3日後の10月24日後楽園ホール大会にはＩＷＧＰヘビー級のベルトを手にして登場した。チャンピオンベルトは団体管轄のタイトルマッチに勝利した王者にのみ与えられるものであり、その重みは近年のＩＷＧＰ戦線の主役であり続けたオカダ自身が誰よりも分かっているはず。それだけに、権利証代わりにベルトを使用するという一連の行動には〝謎かけ〟のような意味合いが強かった。

賛否両論が渦巻く中、オカダは11月6日エディオンアリーナ大阪大会でタマとの権利証争奪戦を制し防衛に成功。同大会でザック・セイバーJr.を下して3度目の防衛に成功したＩＷＧＰ世界ヘビー級王者・鷹木信悟に対し、翌年1月4日東京ドーム大会で挑戦する権利を確定させる。だがＩＷＧＰ世界ヘビー級王座を巡るいざこざはこれだけでは終わらなかった。11月14日（日本時間15日）の米国・カリフォルニア州サンノゼ大会には、自作ベルトを保持している〝自称〟ＩＷＧＰ世界ヘビー級王者のウィル・オスプレイが登場。翌年の1月5日東京ドーム大会で、鷹木とオカダの勝者に挑戦することを表明する。正統にＩＷＧＰ世界ヘビー級ベルトを保持する鷹木、権利証代わりに4代目ＩＷＧＰヘビー級ベルトを復活させたオカダ、返上を不服として自作ベルトを作ったオスプレイという3人のベルト保持者による抗争が、22年の東京ドーム2連戦で決着を迎える展開となった。俯瞰するとベルトを持つ筋が通っているのは鷹木だけしかおらず、どう見てもオスプレイ有利の試合日程は不条理だったが、そんな正論は弱肉強食の新日本のリングでは通用しない。創設者・アントニオ猪木の言葉「一寸先はハプニング」を地で行く格好で、新日本プロレスは旗揚げ50周年というメモリアルイヤーを迎えることとなるのであった――。

タイチ&ザックの奮闘でタッグ戦線も活性化

21年は久しぶりにタッグ戦線にも光の当たった1年だった。その立役者となったのがタイチとザック・セイバーJr.の「デンジャラステッカーズ」だ。20年7月にIWGPタッグ王座を獲得した2人は、21年1月4日東京ドーム大会でタマ・トンガ&タンガ・ロアに敗れてベルトを失ってしまう。

しかしここからタッグとしての絆の強さを証明していく。2月10日広島サンプラザ大会でのリマッチにも敗れ、5月にはタイチが新型コロナウイルスに感染してシリーズ欠場となってしまうが、ザックはパートナーの復帰を待って6月1日後楽園ホール大会でタッグ王座に再挑戦。当時はコロナ禍が一向に収束しない影響もあり多くの外国人選手が来日していない時期だけに、タッグ王座取りのために日本にとどまったザックの行動はタイチの心に強く響いた。タマ&タンガに雪辱を果たして、見事に王座返り咲きを果たす。

ベルトを取り返したデンジャラステッカーズには、ロス・インゴベルナブレス・デ・ハポンの内藤哲也&SANADAが挑戦を表明してきた。大物挑戦者チームの参入により、タッグ戦線はさらに活気づく。7月11日の北海道・真駒内セキスイハイムアリーナ大会で内藤&SANADAに敗れまたしてもベルトを失ってしまったものの、即座に再戦要求。7月25日東京ドーム大会ではセミファイナルで王座戦が実現し、37分58秒の激闘の末にザックがSANADAからヨーロピアンクラッチで3カウントを奪った。ベルトを奪回したザックが「彼らは2週間だけの王者だったとはいえ、このベルトの価値は間違いなく上がった。タイトルマッチがここまでメディアに取り上げられたのも、内藤のネームバリューがあってこそのことだ。礼を言うよ」と豪語すれば、タイチも「IWGPタッグ、前より輝いてない？　レベルアップしてない？　それはやっぱり内藤&SANADAが絡んできて、そして俺とザックが世界一のタッグだからこの価値がグンと上がったんだよ」と勝ち誇った。

デンジャラステッカーズは年末の「ワールドタッグリーグ」では後藤洋央紀&YOSHI－HASHI組に優勝を譲ったが、この年のプロレス大賞最優秀タッグチーム賞を受賞する。新日本のタッグチームの同賞受賞は10年の中西学&ストロングマン組以来、実に11年ぶりの快挙となった。〝瞬間最大風速〟で同賞をかっさらった中西&ストロングマンとは対照的に、タイチとザックの受賞は前年からタッグとしての完成度を高め実績を積み重ねていった結果だった。タイチは「当たり前の結果。俺らの他にここ数年、タッグを引っ張ってきたチームはいない。それに新日本の最後の最優秀タッグチーム受賞が中西&ストロングマン組で止まったままじゃ格好悪いしな。俺らで更新できてよかった。早く賞金よこせよ」と余計な流れ弾を飛ばしつつ胸を張った。

また前年に引き続き「ワールドタッグリーグ」と同時開催で行われた「ベスト・オブ・ザ・スーパージュニア」では高橋ヒロムがYOHとの優勝決定戦（12月15日、両国国技館）を制して2年連続3度目の優勝を果たした。04～05年大会のタイガーマスク以来史上2人目の連覇を達成したヒロムは、翌年1月4日東京ドーム大会でIWGPジュニアヘビー級王者・エル・デスペラードへの挑戦が決定。ジュニアヘビー級戦線は本格的にヒロムとデスペラードの2強時代到来が印象付けられることとなった。

出口の見えないコロナ禍によって、かつてのような超満員の光景も見られず大歓声も聞こえなくなった。外国人選手の招聘もハードルが上がり、リング上のワールドワイドな展開も困難な時期が続いた。IWGP世界ヘビー級王座を巡るベルト問題はファンの混乱を呼んだ。幾多の困難に直面しながら、それでも主力選手たちが体を張って団体を支えていた側面は忘れてはならない。

2022
（令和4年）

50周年の節目に、創設者の猪木が帰還！直後に死去するも、闘魂プロレスは受け継がれていく

猪木が16年ぶりに1・4ドーム登場！ 新日本との距離が一気に縮まる

1972年3月6日に大田区体育館で産声をあげた新日本プロレスは2022年、旗揚げ50周年を迎えた。メモリアルイヤーの幕開けとなった1月4日東京ドーム大会のオープニングに登場したのは、団体創設者のアントニオ猪木だった。近年は闘病生活を送っている猪木は、前年の21年11月にNHK・BSプレミアムの「燃える闘魂　ラストスタンド〜アントニオ猪木　病床からのメッセージ〜」で近況を公開。18年に発症した難病はこれまで「心アミロイドーシス」とされてきたが、同番組で初めて「全身性トランスサイレチンアミロイドーシス」という正式な病名が明かされた。アミロイドという物質が心臓をはじめ全身にたまり、血液循環が悪くなる難病だ。同番組の反響は大きく、猪木は「本当はこういう映像は見せたくなかったんですけど、これもひとつの、強いイメージばっかりじゃなくて、こんなにもろい、弱い、どうとるかは知りませんよ、見た人たちが。そういうひとりの人間として弱い面があってもいいかなと。あえて見てもらって」と、病と戦う自身のすべてをさらけ出した理由を明かしている。

体調面を考慮して、新日本はかねて計画していた同大会への猪木の招聘を断念。来場こそかなわなかったものの、VTRでの出演が実現した。プロレス界の最大興行1・4ドームに猪木が登場したのは06年

大会以来、実に16年ぶりのことだった。「元気ですかー！　元気があればなんでもできるということで、今日も元気は元気に発信できましたね。新日本プロレス50周年、おめでとうと言えばいいのかな。本当に力道山が亡くなってその後プロレス界がどうなるかと、そして新日本プロレスを設立して今日に至ってますが、ジャイアント馬場さんも旅立ったし、そういう中で若い人たちが今、育ってきているということで。この前オカダ（・カズチカ）選手とインタビューした時に、もう１回新日本プロレスのリングに上がってくれと。でも今、何とか１日１日前進して回復に向けて頑張っています！」とメッセージを寄せると、最後は代名詞の「１、２、３、ダーッ！」で締めくくり大会に花を添えた。

その大会で新日本の主役に返り咲いたのがオカダだった。前年の「G１　CLIMAX」覇者としてIWGP世界ヘビー級王者・鷹木信悟に挑戦。ラスト・オブ・ザ・ドラゴンを回避すると、走りこんできた鷹木にカウンターのドロップキックを決める。最後は開脚式ツームストーン・パイルドライバーからのレインメーカーで激闘に終止符を打った。試合後は、G１制覇後に挑戦権利証代わりに復活させていた４代目IWGPヘビー級ベルトをリング中央に置き「ありがとうございました！」と絶叫。長年にわたって団体最高峰の戦いを生み出し、自身もこよなく愛したベルトに別れを告げた。

晴れてIWGP世界ヘビー級王座初戴冠を果たしたオカダは、翌５日の東京ドーム大会では〝自称〟王者のウィル・オスプレイを下し初防衛に成功する。大会前に３本もあったことで混乱を呼んだベルト問題はここに決着を見た。そしてその大会後のリング上でオカダは、改めて猪木へのメッセージを送った。「俺はこの新日本プロレスのリングに猪木さんが上がってくれるのを待ってます。元気があればなんでもできる。そうでしょ？　猪木さん。しっかり元気になって、またこのリングに上がってください」。

新日本プロレスと団体創設者・猪木の距離は、50周年の節目を迎えて確実に縮まっていた。

誰もが認める形で再び団体最高峰王者となったオカダは、威風堂々と団体のメモリアルイヤーをけん引する。8日横浜アリーナ大会で実現したNOAHとの対抗戦では、メインイベントで棚橋弘至とコンビを結成して武藤敬司&清宮海斗組と対戦。レインメーカーで清宮を沈めて貫禄勝利を収める。なおこの大会では両団体の主力選手同士のドリームマッチが多数実現した。チケットは完売し、7077人(主催者発表)の観衆を動員するなどコロナ禍の閉塞感を打ち破る「プロレスのチカラ」を満天下に証明する大会となった。

快進撃は続く。2月20日北海道・北海きたえーる大会では、過去に東京ドームのメインイベントを2度戦ったライバル・内藤哲也の挑戦を退けて2度目の防衛に成功した。IWGP世界ヘビー級王者も参戦して史上最多48選手がエントリーした「NEW JAPAN CUP」の準決勝で内藤にリベンジを許し優勝こそ逃したものの、4月9日両国国技館大会で同トーナメント覇者のザック・セイバーJr.を下してV3。そして実に21年ぶりの再進出となった5月1日福岡PayPayドーム大会では内藤とのラバーマッチを制して、4度目の防衛に成功した。12年3月4日「旗揚げ40周年大会」でのIWGPヘビー級王座戦をはじめ、最近10年の新日本を象徴してきたオカダと内藤による〝黄金カード〟はこの年、上半期だけで3度も実現。オカダは2勝1敗、しかも2勝はともに王座戦という文句のつけようのない内容で、メモリアルイヤーの主役を争う戦いを制してみせたのである。

50周年記念大会開催。オカダが、藤波が猪木にラブコール

新日本プロレス50年目の旗揚げ記念大会は、3月1日に日本武道館で開催された。大会前に行われた「旗揚げ記念セレモニー」には、団体の歴史を彩ったOBが多数集結した。往年の名物リングアナウンサー・田中ケロ氏のコールを受け、OBたちがそれぞれの入場曲でリングに上がっていく光景は、団体の歴史の重みを感じさせた。参加したのは登場順に井上亘、獣神サンダー・ライガー、小林邦昭、坂口

征二、保永昇男、タイガー服部（マサ斎藤の入場曲『ザ・ファイト』で入場）、北沢幹之、ミラノコレクションA．T．、田中稔、垣原賢人、山崎一夫、藤原喜明、前田日明、越中詩郎、木村健悟、蝶野正洋、武藤敬司、長州力、藤波辰爾の19名。初代タイガーマスク（佐山サトル）もVTRで登場し「猪木さんをはじめ、新間（寿）さん、坂口さん、山本（小鉄）さん、それぞれの先輩たち、藤波さんや長州さん、みんなの仲間たち。その人たちが作ってきた結晶が新日本プロレスです。皆さんが引き継いでいる新日本プロレスは永遠の輝きがあるはずです」とメッセージを寄せた。

旗揚げ2年目の1973年から実に49年間にわたり、時には猪木の戦友として、時には社長として山あり谷ありの団体を支え続けてきた坂口相談役はリング上であいさつを行った。「長い間、みなさんのご声援をもってこうしてたくさんの選手が生まれ、今や日本プロレス界のリーダーとして頑張っています。こうして現役を去った人、また現役中のみなさん、今後も頑張りますのでなにとぞご声援のほどよろしくお願いします」。セルリアンブルーのリングを見守り続けた世界の荒鷲にとっても、OBたちとの再会はかねてから希望していたことだった。

現役選手代表としてはオカダが登壇し「先輩方がいたからこそ50周年、こうしてやってくることができました。僕たち必ずストロングスタイルで、闘魂を背負って真のプロレスに励んでいきたいと思います」と所信表明した。「真のプロレスに励んでいきたい」は、72年3月6日の旗揚げ戦（大田区体育館）で猪木がスピーチの際に発した言葉。闘病中でこの記念すべきセレモニーにも来場が叶わない猪木に対する、オカダなりのメッセージだったに違いない。

この記念大会のメインイベントにはOBの藤波と藤原が出場した。オカダ&藤波&棚橋弘至組とザック・セイバーJr.&鈴木みのる&藤原組による6人タッグマッチは、脈々と受け継がれてきた新日本の歴史を体現するかのような一戦となった。最後はオカダがレインメーカーで鈴木を沈めて勝利。試合後の

2022年3・1日本武道館で「旗揚げ記念日」を盛大に開催。50周年記念セレモニーが行われ、そうそうたる新日本OB勢が集結した

リング上では、棚橋、オカダから藤波へのマイクリレーが実現した。猪木の一番弟子でもある藤波は「猪木さんを次回は必ず、呼びましょう。エールを送るために〝例のヤツ〟を元気よく行きましょう。それでは行きます！　1、2、3、ダーッ！」と、師匠の代名詞を叫んだ。放送席では長州と蝶野も拳をあげていた。コロナ禍でも新日本は可能な限りでメモリアルイヤーを盛り上げようと努力を続けていく。しかしその中心に立つべきはずの人間の来場だけが実現していない。猪木の帰りを、誰もが待っていた。

平成新日本を率いた武藤もリングに別れ

団体OBとして他に比類なき輝きを放っていた不世出の天才・武藤が引退を発表したのもこの年の出来事だった。21年2月からNOAHに入団し活躍を続けていた武藤は、6月の「サイバーファイトフェスティバル」（さいたまスーパーアリーナ）で「かつて、プロレスとはゴールのないマラソンと言った自分ですが、ゴールすることに決めました。来年春までには引退します」と表明。長年にわたって故障に苦しんだ両ヒザは18年に人工関節置換術に踏み切って一時期快方に向かったが、その後に股関節痛を発症してドクターストップがかかったのが決断理由となった。

武藤の引退試合は23年2月21日に東京ドームで行われる。これに伴いスタートした引退ロードでは、新日本時代の付き人・棚橋弘至との対戦も実現した。09年1月4日の東京ドーム大会で棚橋が武藤からIWGPヘビー級王座を奪取した一戦は、新日本の〝夜明けの一戦〟として本書に記した通りだ。それから13年10カ月後、武藤は引退ロード第3戦となった10月30日のNOAH有明アリーナ大会で棚橋と6人タッグ戦で激突。ドラゴンスクリューの応酬を展開し観客を沸かせた。かつて棚橋にIWGPヘビー級ベルトという名の〝タスキ〟を渡した武藤は「本当に、全然いい意味で変わってなかったというかね。『光より速く進む』なんて言ってるけど、いつかはアイツも立ち止まる時が来るわけだからな。ある意味、棚橋だけじゃなく…まだ数試合やるわけだから俺も。後輩のみんなにいい背中を見せられるような止まり方をしたいななんて思ってますよ」と感慨深げな表情を浮かべた。

さらに武藤の化身グレート・ムタは、23年1月22日横浜アリーナ大会でのラストマッチを前に、古巣の新日本マット帰還を果たす。22年11月20日に行われた新日本と女子プロレス団体スターダムの合同興行（有明アリーナ）で「新日本ラストマッチ」に出場。オカダ&矢野通とトリオを結成してグレート-O-カーン&ジェフ・コブ&アーロン・ヘナーレ組と対戦した。オーカーンに毒霧噴射、ヘナーレにシャイニング・ウィザードを決めてオカダの勝利をアシストすると「バイバイ、矢野。バイバイ、オカダ。バイバイ、オーカーン。…グッバイ、ニュージャパン」と別れの言葉を残して去っていった。武藤敬司もグレート・ムタも、新日本50年の歴史を語る上では決して欠かすことのできない数々の〝名作品〟を残してきたレジェンドだ。

ジェイ・ホワイトが新日本最強外国人の仲間入り

メモリアルイヤーに沸く新日本マットに、バレットクラブのリーダーを務めるジェイ・ホワイトも帰ってくる。前年5月3日福岡国際センター大会でNEVER無差別級王座を獲得して以降、コロナ禍の影響もあって主戦場を米国に移したジェイは「NJPW STRONG」やインパクト・レスリングで活動。ジェイは21年11月の米サンノゼ大会で石井智宏に敗れNEVER王座を失ったものの、極悪外国人ユニット・バレットクラブを牛耳り続けた。そして22年に入ると同ユニット内に大きな衝撃を与える。日本時間2月19日に米インパクトの大会でタマ・トンガ&タンガ・ロアがカール・アンダーソン&ドク・ギャローズのインパクト世界タッグ王座に挑戦。この試合でジェイはタマとタンガを裏切り、16年に新日本を離脱したアンダーソンたちとの復縁をアピールしたのだ。

日本マットでも不穏な空気が漂うなか、3月13日の兵庫・ベイコム総合体育館大会「NEW JAPAN CUP」2回戦ではEVILとタマの同門対決が実現した。エル・ファンタズモと石森太二がEVILに加勢してタマが敗れると、ジェイからの伝言を預かっていた外道がメンバーを引き連れてリング上に集結する。「ハウス・オブ・トーチャー」勢も結託し、最終的にタマ、タンガ、邪道の3人がユニットから追放された。またタマとタンガの弟・ヒクレオも後にバレットクラブを抜け本隊へ移ることに。

海外で活動しながら圧倒的な存在感を示していたジェイは、5月1日福岡PayPayドーム大会で、アンダーソン、ギャローズとともに約1年ぶりに国内の新日本マット帰還を果たす。同大会で内藤哲也との王座戦を制し4度目の防衛に成功したIWGP世界ヘビー級王者オカダ・カズチカを襲撃。6月12日大阪城ホール大会での王座挑戦が決定した。そして迎えた大一番で、ジェイはオカダのレインメーカーをことごとく回避して切り返し合戦を展開する。カウンターのドロップキック、シットダウン式パイルドライバーを浴びながらも、レインメーカーの体勢を入れ替えるとついに必殺のブレードランナーがサク裂。上半期に他を寄せ付けない強さを見せていたオカダを撃破し、いきなり団体最高峰王者に返り咲いた。試合後のリング上でジェイは「俺は2016年6月19日に、この会場でヤングライオンとして最後の試合をした。みんなにお別れを告げて、お前たちのことを『ファミリー』だと言ってやったんだぞ。うれしくないのか？　6年経って、俺はスイッチブレイド、ジェイ・ホワイト。プロレス界で最も価値のある男だ。唯一無二のグランドスラムチャンピオンであり、リアルベルトコレクター。そしてバレットクラブのリーダーだ。プロレス界は俺を中心に回っているんだ」と勝ち誇った。

大阪城での勝利はジェイにとって大きな意味を持っていた。新日本は直後の日本時間6月27日に、19年5月の旗揚げから快進撃を続け、世界最大団体WWEのライバル団体にまで成長したAEWとの合同興行「Forbidden Door」（イリノイ州シカゴ）を控えていた。NOAHとの対抗戦（1

約1年ぶりに国内マット登場となったジェイ・ホワイトがオカダを破りIWGP世界ヘビー級王座奪取。新日本最強外国人の仲間入りを果たした（2022年6・12大阪城ホール）

月8日、横浜アリーナ）、スターダムとの合同興行（11月20日、有明）、そしてAEWとの合同興行と、団体、性別、そして国境をも越えて他団体と交流しドリームカードを次々と実現させていったのも、新日本50周年の一つの特色だった。

世界中が注目する大会で、ジェイはオカダ、AEWのハングマン・ペイジとアダム・コールという3人の挑戦者を相手に、4WAY形式でIWGP世界ヘビー級王座の初防衛戦に臨んだ。会場のユナイテッド・センターが1万6529人札止め（主催者発表）の観衆で埋め尽くされるなか、コールにフォール勝ちしてV1に成功。当時29歳の若さで威風堂々と大舞台での王座戦をクリアした王者は「ブライアン・ダニエルソンと試合をすることは俺にはモチベーションにならない。CMパンクは悪くないんじゃないか？　しかし俺はいわゆる〝ドリームマッチ〟には興味がない。聞いただけでも反吐が出る。俺が何かを求めるのではなく、人々が俺を求めるんだ。俺は人から求められる男なんだ」と、元WWEスーパースターたちの名前を列挙しながらうそぶいた。

ジェイは10月10日両国国技館大会で因縁深いタマの挑戦を退けてIWGP世界ヘビー級王座2度目の防衛に成功。しかし23年1月4日東京ドーム大会でオカダに敗れて王座転落し、さらに同年2月11日エディオンアリーナ大阪大会でヒクレオとの「ルーザーリーブ・ジャパンマッチ（敗者日本追放戦）」に敗れて日本マット追放となった。プリンス・デヴィット、AJスタイルズ、ケニー・オメガ…いずれも後に世界のビッグネームとなるレスラー達の後継者と言えるバレットクラブの4代目リーダー・ジェイは、間違いなく〝最強外国人〟の一人として新日本の歴史に名を残した。

メモリアルイヤーの主役の座をかけたオカダの戦い

IWGP世界ヘビー級のベルトを失いメモリアルイヤーの主役から転落したオカダ・カズチカだった

が、真夏の祭典「G1　CLIMAX」で早期復活を遂げる。この年のG1は3年ぶりに夏開催となり、さらに14年大会の22選手を超える史上最多28選手が参戦。00年大会以来、実に22年ぶりに4ブロック制が採用された。史上最多48選手によるトーナメント「NEW　JAPAN　CUP」に続き、旗揚げ50周年の節目を飾る過去最大規模のリーグ戦となった。

前年度覇者のオカダは多くの大型外国人選手が顔を揃え「モンスターブロック」と称されたAブロックにエントリー。元WWEの怪力ファイター・ジョナに敗北を喫したものの、矢野通、トム・ローラー、ジェフ・コブ、ランス・アーチャー、バッドラック・ファレを下し5勝1敗でブロックを突破する。さらに8月17日の日本武道館大会ではBブロック1位のタマ・トンガとの「ファイナルトーナメント」準決勝を制し、大会連覇に王手をかけた。

迎えた翌18日武道館大会の優勝決定戦では、Dブロック1位のウィル・オスプレイと激突。1月5日東京ドーム大会のIWGP世界ヘビー級王座戦を戦ったかつての弟分と、またしても頂点の座をかけて激闘を展開した。オスプレイは棚橋弘至のハイフライフロー、AJスタイルズのスタイルズクラッシュ、ケニー・オメガのVトリガーと近年のトップ戦線の主役たちの得意技を次々と繰り出してきたが、オカダも3カウントは許さない。ヒドゥンブレイドを阻止すると、旋回式変型パイルドライバーからのレインメーカーで33分53秒の死闘に終止符を打ち、史上4人目の大会連覇を達成した。

4度目のG1制覇を果たしたオカダは、これまで優勝者に与えられてきた翌年1月4日東京ドーム大会の挑戦権利証に対して問題提起を行った。これまで権利証保持者に課せられていた〝防衛義務〟の撤廃だ。「10年前に僕が始めて、この10年で権利証が動いたのは1回くらいですかね？　ほぼ守られていますし、これだけの戦いをやって優勝した後に権利証を守っていくって、じゃあG1　CLIMAXの価値ってなんなんだろうなっていう。そこはすんなり2023年の1・4東京ドーム決定でいいんじゃないかって。G1 CLIMAXの価値を上げるという意味でも」と、優勝者は争奪戦を行うことなく翌年年間最大興行の挑戦権を得るべきだと主張。これが認められ、オカダはIWGP世界ヘビー級王者のジェイよりもひと足早く翌年1月4日ドームのメインイベンターになることを確定させた。G1期間中に唯一の敗戦を喫したジョナには10月10日両国国技館大会で雪辱を果たす。この一戦は例年までの権利証争奪戦ではなく、スペシャルシングルマッチとして行われた。結果的にやっていることは同じだが、意味合いを変化させることでG1というリーグ戦優勝者の価値を向上させようということだ。

またオカダは優勝決定戦翌日の19日、G1期間中に妻で声優の三森すずことの間に第一子が誕生していたことを発表した。一夜明け会見で、ダブルの喜びに笑顔を弾けさせつつ「先日男の子が生まれまして。会社にも〝育休〟をいただけましたので、それは新日本プロレスに感謝、ありがたいことですね。育児もしつつ、G1 CLIMAXが終わったリフレッシュもさせてもらいつつ、次のシリーズ(に向け)たくさんパワーを溜めて、またG1覇者として盛り上げていきたいと思います」と、20日の六本木大会の出場メンバーに入っていなかった理由を説明。新日本プロレス50年の歴史の中で、史上初めて育休を認められた男としても名を残すことになった。

2年半ぶりの声出し応援解禁に棚橋、内藤も感無量

G1後の新日本には一つの光明が差す出来事があった。9月5日、6日の後楽園ホール大会が、コロナ禍初の「声出し可能大会」として開催されたのだ。20年2月26日沖縄大会以来、約2年半ぶりに声出し応援が解禁されたこの日の大会は50%の観客制限を設け、声出しなしエリアも設置。満員となる700人のファンが詰めかけた聖地・後楽園は、大歓声に包まれた。第1試合で鈴木みのるが登場すると、入場曲に合わせて「風になれ」の大合唱が巻き起こった。EVIL率いる「ハウス・オブ・トーチャー」

のダーティファイトには容赦ないブーイングが浴びせられ、3カウントの大合唱やチャントがかつてのような熱狂的空間を生み出した。

以前の日常を取り戻すための確かな一歩となった大会のメインイベントは、棚橋弘至が締めくくった。オカダ・カズチカとのタッグでジョナ&シェイン・ヘイスト組とのタッグ戦に出場すると「ゴー！　エース！」のチャントを受けて躍動。必殺のハイフライフローでヘイストを圧殺して勝利を収めた。

空席が目立ち、歓声も少なかった2000年代の暗黒期を再建した立役者は、まぎれもなく棚橋だ。低迷する団体を、献身的なファンサービスとプロモーション、そしてリング内の激闘で建て直し、超満員の会場と大歓声を取り戻した。しかし人生のすべてを捧げて作り上げた理想的な空間は、コロナ禍という思いがけない形で失われてしまった。

それだけに約2年半ぶりに復活した歓声は特別なものだったはずだ。試合後のリング上では「ついに、この日が来ました。2年半のあいだ、皆さん、拍手での応援、そして新日本プロレスについてきてくれてありがとうございました」とファンに感謝。「第1試合から、控室に帰ってくる選手の表情がまるで違いました。それは本当に、皆さんの声援があって、初めて成り立つプロレス。それが今日ここにあったんだと思います。必ず近い将来、いつもの日常を取り戻しましょう」と誓い、オカダと2人で「後楽園ホールの皆さん、愛してま〜す！」と叫んだ。

感極まった棚橋はバックステージで男泣きした。「2年半という月日は長かったです。長かったですが、2年半の時間を皆さんの声援がたった1日で埋めてくれました。まずは本当に第一歩です。最後に言わせてください。2年半、ちゃんとルールを守って応援してくれた新日本プロレスファンの皆さんを、心の底から誇りに思います」。それは誰よりもファンを大切にしてきた男だからこそ紡ぎだせるメッセージだった。

またこの日の会場でひと際大きな歓声を受けていたのが内藤哲也だ。入場曲の「STARDUST」が流れると同時に大「内藤」コールを受けた〝制御不能なカリスマ〟は試合後に「最高の空間というのはレスラーとお客さまが一緒につくり上げるものだって言ったことがあったけど、今日試合して改めて感じました」と振り返った。

実はこの日に至るまで、内藤は無歓声の会場で苦悩を抱き続けていた。後日の東京スポーツの取材に「この2年半、自分が楽しまなきゃお客さまを楽しませることはできないと思ってきたから、自分が楽しもうと思いながらリングに上がっていました。けど、どこかで物足りなさというか寂しさもあったわけで。試合をするたびに100％満足して、よしまたこれを目指して頑張ろうというモチベーションにはならず、一体これがどこまで続くんだろう…って。なかなかモチベーションを上げるのが難しい状況でしたよね」と心情を明かしている。

かつて熱心な新日本プロレスファンだった内藤は常に〝お客さま目線〟を忘れない。だからこそプロレスを心の底から楽しめていない自身に対してもどかしさを覚え、コロナ禍のなかでも会場に訪れて拍手で応援してくれるファンに対しては後ろめたさを感じてしまっていた。「どうしても100％テンションを上げきれない自分がこのリングに立つことが、果たしていいことなのかというのは思いましたね。100％楽しんでない男がリングに立ったところで、見てる側も楽しくないわけで。じゃあ俺ってこのリングに立つ資格あるのかな、とか」。

抱え込んできた迷いを吹き飛ばしてくれたのが、この日の歓声だった。「やっとですけど、大きい1歩でしたよね。じゃあこれから2歩、3歩、4歩と行けるのかははっきり分からない状況ですけど、とりあえず意味のある1歩は踏み出せたんじゃないかと思います」と語った内藤の視線の先には、20年の1月5日に行うことができなかった東京ドームでの「ロス・インゴベルナブレス・デ・ハポン」の大合唱の光景が映し出されているはずだ。

創設者にして終身名誉会長・猪木の死と新日本物語の続き

22年10月1日はプロレス界、いや日本中が悲しみに包まれる1日となった。新日本プロレスの創設者でありプロレスが生んだスーパースター、アントニオ猪木（本名・猪木寛至）が心不全のため死去した。79歳だった。

新日本プロレス50年史の最後の項目だけに、ここで改めて猪木の偉大な足跡を記したい。神奈川県横浜市生まれの猪木は13歳でブラジルに移住した。サンパウロを訪問した日本プロレス界の祖・力道山に見いだされ、１９６０年に帰国。同年9月に日本プロレスでデビューした。同日デビューは終生のライバル・ジャイアント馬場だ。２人は史上最強コンビ「ＢＩ砲」で活躍したが、馬場が99年１月に亡くなるまでライバルストーリーは続いた。

猪木は71年に団体の組織改革を求めたが紛糾。追放されると新日本プロレスを設立し、72年3月6日大田区体育館で旗揚げ戦を行った。馬場の全日本プロレスと激しい覇権争いを繰り広げる一方で、リングの上ではタイガー・ジェット・シン、アンドレ・ザ・ジャイアント、スタン・ハンセン、ハルク・ホーガンら世界の強豪レスラーとの死闘でファンを魅了した。さらに76年6月26日には日本武道館でボクシング世界ヘビー級王者モハメド・アリとの〝世紀の一戦〟も実現させる。当時は消化不良な内容と酷評もされたが、この異種格闘技戦の実現はプロレスの地位を向上させ後の総合格闘技の原点となった。

マサ斎藤との「巌流島の決闘」（87年）、北朝鮮での「平和の祭典」（95年）と壮大なスケールの戦いで世間の目を釘付けにし続けた猪木は、98年４月４日の東京ドーム大会で引退。引退後はＰＲＩＤＥやＫ－1といった格闘技とプロレスの線引きをすることなくマット界の中心で話題を発信し、晩年には「Ｉ

GF」も旗揚げした。また政治家としても参議院議員を2期務めるなど、精力的な活動を行った。

生前の猪木の言葉を、死去当日の東京スポーツはこう紹介している。「俺はパキスタンとかアリ戦もしかり、そういう命を置いてでも勝負をしてきたんだ。もしかしたらそこまでする必要ないと思うかもしれない。競技として考えればね。でも、そういう時代背景の歴史を知っている部分と、プロレスが受けてきた〝差別〟というか。要するに大相撲だったり、野球に八百長問題が出ると、すぐプロレスが引き合いに出されて。その時は『てめえら見てろよ』みたいな。誰に怒ってるかわからねえけど、自分なりの世間との戦いだったというか」。燃える闘魂が戦ったのは対戦相手だけではなく、世間から向けられるプロレスへの偏見だった。

団体創設者の死は、当時英国遠征中だった新日本プロレスの選手たちに海を越えて伝わった。10月1日（日本時間2日）のロンドン大会前には追悼の10カウントゴングが鳴らされた。死去後初の国内大会となった10月10日両国国技館大会でも追悼10カウントゴングのセレモニーが行われた。最大の戦友・坂口征二相談役が遺影を手にリングへ上がり、リングサイドを所属選手たちが囲んだ。ゴングが鳴り終わると田中ケロリングアナが猪木をコールし、日本一有名な入場曲「炎のファイター」が流れた。

熱望し続けていた新日本のリングでの再会が叶わなかったオカダは、バックステージで報道陣に囲まれると号泣して猪木の死を悼んだ。「『バカヤロー』っていうのが最初（の心境）ですかね。…見に来てくれよっていう思いがあったんで…。悔しいですね。まだいろいろな話をしたかったっていうのが本音ですかね」と、時折声を詰まらせながらも「向こうでも見てくれていると思うので。しっかり僕たちの戦いで、猪木さんが『行っとけばよかったな』と思うような熱い戦いを見せたいと思います」と新たな誓いを立てた。

猪木の通夜式は10月13日、告別式は14日に営まれた。藤波辰爾、前田日明氏、初代タイガーマスク（佐

新日本50周年イヤー真っ只中の2022年10月1日、団体創設者の猪木が死去。10・10両国国技館大会では追悼セレモニーが行われた。また、9月1日から猪木が新日本の終身名誉会長職に就いていたことも事後報告された

山サトル）らの弟子に加え、新日本からは坂口相談役をはじめオカダ、棚橋弘至、小島聡、永田裕志、天山広吉、真壁刀義、獣神サンダー・ライガー、柴田勝頼ら所属選手が出席。また猪木の新日本時代最後の弟子で現在は米国・WWEで活躍する中邑真輔も急きょ帰国して参列した。中邑は「すぐに（会社の）上に確認して。何試合か休むことになったんですけど『行っていいぞ』ということで。気持ちを汲んでもらえた？　そう思います。自分個人として言うならば、猪木さんに照らしていただいたプロレス人生のスタートだったので。最後の最後にありがとうございましたということを伝えに来ることができて、本当によかったと思います」と、猪木も殿堂入りしている世界最大団体の計らいに感謝しつつ「日本人プロレスラーとしての遺志を少しでも長く、（猪木さんの）思いをどうにか紡いでいきたいなと思いますね」と決意を明かした。猪木の残した「闘魂」と「ストロングスタイル」は、今日も世界中のリングで体現されている。

猪木と新日本プロレスは06年以降、疎遠な関係が続いていたが、多くの選手・関係者の願いと努力によって歩み寄りを見せていた。旗揚げ50周年に際し、新日本は内々に終身名誉会長を打診。猪木もこれを快諾し、9月1日に就任していた。予定されていた10月10日両国大会でのファンへの報告は叶わなかったが、猪木は死去の直前、確かに新日本という故郷に帰還していたのである。そして新日本はメモリアルイヤーの集大成となる23年1月4日東京ドーム大会を「アントニオ猪木追悼大会」として開催した。

かつて団体が選手の大量離脱に見舞われた際、猪木は泰然自若で「川は何本にも分かれるけど、最終的には海に出るんだ」と語っていたという。その言葉通り、新日本プロレス50年の歴史は、創設者の生涯と同様に波乱万丈な大河ドラマだった。しかし猪木の死によって物語が終わるわけではない。これからも燃える闘魂は受け継がれ、セルリアンブルーのリングに宿り続ける。新日本プロレスは、永遠に不滅だ。

2023年1・4東京ドームは「アントニオ猪木追悼大会」として開催。メインでジェイからIWGP世界ヘビー級王座を奪還したオカダは、天国の猪木に捧げる「1、2、3、ダーッ!」で大会を締めた

あとがき

2023年1月4日の東京ドーム大会は、前年10月に死去した団体創設者・アントニオ猪木の追悼興行として行われた。「闘魂よ、永遠に」のサブタイトルがつけられた大会は、オープニングで猪木の入場曲「炎のファイター」が使用され、メインではオカダ・カズチカがジェイ・ホワイトを撃破してIWGP世界ヘビー級王座を奪回。「猪木さんが作ったこの新日本プロレスを、闘魂を、どんどん受け継いで、100年、200年続くようにまだまだ盛り上げていきます」と決意を表明すると「1！ 2！ 3！ ダーッ！」の大合唱で大会を締めくくった。コロナ禍で規制されていた歓声も、2020年大会以来3年ぶりに東京ドームに戻ってきていた。その声はきっと天国の猪木にも届いたはずだ。こうして新日本プロレスの旗揚げ50周年はフィナーレを迎え、新しい時代へと突入していった。

私は2006年に東京スポーツに入社し、2008年末から新日本プロレスの担当記者として取材を続けている。2009年1月4日東京ドーム大会から始まる本書に記した歴史は、すべて現場で見聞きしてきたものだ。おそらくは弊社の歴代最長の担当歴を誇る私だが、実は入社当初はプロレスがあまり好きではない…どちらかと言えば苦手なジャンルとして見ていた。今でも業界にはびこる〝村社会的〟な部分は正直言って大嫌いだし、まさかこんなにも長い時間プロレスに関わることになるとは夢にも思わなかった。

入社当初、私と同様にプロレスが苦手な同期がいた。図太い性格だった彼は、新人研修の際に当時のデスクに「プロレスの何が面白いのか分からないので、何を書いたらいいか分かりません」と馬鹿正直にもホドがある相談を持ちかけた。その時のデスクの返答は彼に向けられたものだったが、私は今でも鮮明に覚えていて自分の記者人生の指針としている。「プロレスに興味がないなら、無理に面白いと思わなくていい。でも新聞記者なら、人に興味を持て。君が面白くないと思っているプロレスに、命をかけて取り組んでいる人間に興味を持て」。

そんなわけで私は今日に至るまで「プロレス」ではなく「プロレスラー」の魅力を伝えることを心がけて取材してきたつもりだ。ここ10数年でメディアを巡る状況は大きく変わり、選手個人がＳＮＳやＹｏｕＴｕｂｅで発信した内容をそっくりそのままニュースにする「コタツ記事」も激増した。しかしそんな時代だからこそ、現場でレスラーたちと顔を合わせて取材している記者にしか書けない記事の重要性は今後高まっていくはずだと信じている。

もう一つ、長くこの業界と関わってきて改めて実感するのは、プロレスは壮大な大河ドラマだということだ。２０１８年2月の後楽園大会で飯伏幸太とケニー・オメガの「ゴールデン☆ラヴァーズ」が復活した時、私は「新日本プロレスワールド」（動画配信サービス）の解説席で「プロレスを長く見ているといいことがある」と発言した。他のスポーツと比較しても圧倒的に長いプロレスラーの選手寿命には、数多くのドラマが詰まっている。「人」と「歴史」を知れば知るほど、プロレスは楽しい。そんな思いを本書に込めたつもりだ。

本書の執筆オファーをいただいた週刊プロレス元編集長の本多誠氏には、私の遅筆ぶりを温かく見守っていただき感謝してもしきれない。また尊敬する東京スポーツの先輩・高木圭介氏が書いた第2巻「平成繁栄期」からのバトンタッチという個人的に大変光栄な役割でなければ、おそらくはこのオファーも引き受けていなかったと思う。高木さんととりとめもない雑談をしながら記事を作っていた若手時代の経験は、私の記者人生の宝だ。おかげで普通の記者には戻れなくなってしまったが、その教えをこれからの仕事にも生かしていきたいと思っている。

岡本佑介

岡本 佑介（おかもと・ゆうすけ）

1982年4月25日、茨城県出身。日本大学法学部卒業後、2006年4月に東京スポーツ新聞社に入社。同年11月からプロレス・格闘技担当になり、2009年から新日本プロレスを担当。著書に『帝国書記官のおしごと』（ワニブックス）

新《しん》日《に》本《ほん》プロレス50年《ねん》物《もの》語《がたり》
第《だい》3巻《かん》　V《ぶい》字《じ》回《かい》復《ふく》期《き》

2023年3月31日　第1版第1刷発行

編　集　週刊《しゅうかん》プロレス
著　者　岡《おか》本《もと》 佑《ゆう》介《すけ》
発行人　池田哲雄
発行所　株式会社ベースボール・マガジン社
〒103-8482 東京都中央区日本橋浜町2-61-9　TIE浜町ビル
電話　03-5643-3930（販売部）
03-5643-3885（出版部）
振替口座 00180-6-46620
https://www.bbm-japan.com/

印刷・製本　共同印刷株式会社

© Baseball Magazine Sha & Yusuke Okamoto 2023
Printed in Japan
ISBN978-4-583-11572-6　C0075

※定価はカバーに表示してあります。
※本書の文書、写真の無断転載を禁じます。
※本書を無断で複製する行為（コピー、スキャン、デジタルデータ化など）は、私的使用のための複製など著作権法上の限られた例外を除き、禁じられています。業務上使用する目的で上記行為を行うことは、使用範囲が内部に限られる場合であっても私的使用には該当せず、違法です。また、私的使用に該当する場合であっても、代行業者等の第三者に依頼して上記行為を行うことは違法となります。
※落丁・乱丁が万一ございましたら、お取り替えいたします。